Ruth Heil · Engel – Gottes wunderbare Helfer

Ruth Heil

Engel –
Gottes wunderbare Helfer

Erlebnisse

**Bibliografische Information
Der Deutschen Nationalbibliothek**
Die Deutsche Nationalbibliothek verzeichnet diese
Publikation in der Deutschen Nationalbibliografie;
detaillierte bibliografische Daten sind im Internet
über http://dnb.d-nb.de abrufbar.

ISBN 978-3-501-01498-1
Taschenbuch 77 869
3. Auflage 2007
© 2004 by Verlag der St.-Johannis-Druckerei,
Lahr/Schwarzwald
© der Bibelworte (Lutherbibel 1999):
Deutsche Bibelgesellschaft, Stuttgart
Umschlaggestaltung: Friedbert Baumann
Umschlagbilder: Kopper/Photo Press (Vignette);
A. Albinger (Hintergrund)
Gesamtherstellung: St.-Johannis-Druckerei,
Lahr/Schwarzwald
Printed in Germany 16560/2007

www.johannis-verlag.de

Gewidmet meinen geistlichen Lehrern, die mir Jesus groß machten und mich in die Heilige Schrift einführten.

Ruth Heil

Vorwort

Die folgenden Ausführungen und Berichte wollen uns bewusst machen, was für eine wunderbare Begleitung wir bei uns haben. Wer sein Leben Jesus Christus anvertraut hat, darf wissen, dass Jesus alle Tage bei ihm sein wird (Mt 28,20). Außerdem stellt Jesus uns Engel zur Seite, die uns wie eine persönliche Leibgarde begleiten. Mit dieser Macht dürfen wir ständig rechnen (Ps 91,11).

»Wie hab ich das bloß geschafft?«, fragt sich mancher nach einer Zeit, die z. B. durch Langzeitpflege, Krankheit, Beruf, kleine Kinder, extreme körperliche oder auch psychische Belastung sehr anstrengend war. »Wie hab ich das bloß geschafft?«

»Ich weiß wie«, antworte ich gerne auf solche Fragen. Und dem erstaunten Zuhörer sage ich: »Weil Engel dabei waren!«

Oft sind Gottes Boten um uns, ohne dass wir sie wahrnehmen. Sie helfen bei schwerer Arbeit, sie organisieren mit und für uns, lassen manches Schwierige scheinbar mühelos gelingen, geben Kraft zum Ertragen von Schmerzen, verkürzen die Zeit oder lassen sie stillstehen.

Engel sind Gottes Helfer, die sich von ihm einsetzen lassen. Sie kümmern sich um Menschen, die ihn lieben, oder auch um Menschen, denen er sich als ein Gott zeigen will, der es gut mit ihnen meint. In diesem Buch berichten Menschen, wie ihnen geholfen wurde. Ich kenne oder kannte sie alle persönlich und halte jeden von ihnen für vertrauenswürdig, sonst hätte ich ihre Erfahrungen nicht aufgeschrieben.

Sicher gab es auch in Ihrem Leben Situationen, die nicht natürlich erklärbar sind und die möglicherweise Ihr Leben erhalten haben. Tun Sie das nicht einfach ab mit »Glück gehabt«. Danken Sie stattdessen Gott für seine wunderbaren Boten, die er als Helfer ausgesandt hat. Und finden Sie diesen Gott, der uns durch Jesus Christus immer neu zuruft: »Ich habe dich lieb!«

Ihre Ruth Heil

Inhalt

Vorwort	7
Wissenwertes über Engel	11
Wo halten sich Engel auf?	13
Was heißt: »Der Engel des Herrn lagert sich«?	14
mal'ach und *angelos*	16
Engel im Alten und Neuen Testament	19
Bileams Esel – eine Begegnung mit Pfarrer Wilhelm Busch	29
Engel Gottes und abgefallene Engel	32
Engel anbeten?	34
Um der Engel willen	35
Engel – hautnah erlebt	39
Engel als Helfer und Beschützer	41
So geschehen auf Deutschlands Straßen	70
Wenn Gott Menschen als Boten schickt	82
Vorschau auf künftige Dinge	89
Kinder und Engel	92
An Kranken- und Sterbebetten	101

Bibelstellen über Engel 113

Altes Testament 115
Neues Testament 117

Wissenswertes über Engel

Wo halten sich Engel auf?

Engel sind um Menschen herum, die Gott lieb haben, und stehen ihnen zur Seite. Kleine Kinder haben bei der Geburt, vielleicht schon bei der Zeugung ihre eigenen Engel. Jesus sagt in Matthäus 18,10 über die Kinder: »Ihre Engel im Himmel sehen allezeit das Angesicht meines Vaters im Himmel.« Diese Engel der Kinder haben also jederzeit Audienz bei Gott.

Allerdings geschehen trotzdem Unfälle. Gott entlässt uns nicht aus unserer menschlichen und elterlichen Aufsichtspflicht. Aber er will uns dabei helfen, Leben zu bewahren.

Wenn es in der Bibel heißt, dass Engel sich im Himmel darüber freuen, wenn ein Mensch sich wieder zu Gott kehrt (Lk 15,7), bedeutet das, dass Engel Gefühle haben und Gefühle ausdrücken können. Da sie sich freuen können, empfinden sie wahrscheinlich auch Trauer, etwa wenn sie einen Menschen verlassen müssen, weil er sich gegen Gott entscheidet.

Was heißt:
»Der Engel des Herrn lagert sich«?

»Der Engel des Herrn lagert sich um die her, die ihn fürchten, und hilft ihnen heraus«, steht in Psalm 34,8.

Ich saß gerade am Computer, als ich diesen Vers las. »Was heißt ›lagern‹?«, fragte ich mich. Als ich zu meinen Füßen schaute, wurde mir klar, was dieses Wort bedeutet. Da lag unser Hund rings um meinen Stuhl gerollt und schaute mich ganz treu an. Dieser liebe Kerl lagert sich ständig um mich, seit unsere Tochter ihn mir aus den USA mitgebracht hat. Beim Kochen liegt er quer vor der Küchenzeile, halte ich eine Eheberatung, schläft er hinter den Sesseln, spiele ich Klavier, sitzt er aufmerksam lauschend dabei, wenn ich bete, liegt er mit überkreuzten Pfoten am Boden. Arnold, wie wir diesen treuen Gesellen genannt haben, ist natürlich kein Engel. Er ist ein ganz normaler Rottweiler.

Engel sind viel gewaltiger, viel mächtiger – und meistens unsichtbar. Sie lagern sich überall, wo wir uns gerade aufhalten. Sie sind gewissermaßen Gottes persönliche Leibgarde für die Menschen, die zu ihm gehören. Allerdings ist ihre Aufgabe nicht, uns zu überwachen, sondern uns liebevoll zu begleiten, zu bewahren und zu schützen.

Der Engel lagert sich bei denen, »die den Herrn fürchten«. Fürchten meint nicht, dass man vor Gott zittern muss, sondern dass wir danach fragen, was Gott für unser Leben will. Wenn wir Gott betrüben, verlieren wir unseren Engel. Er wendet sich traurig von uns ab, weil er auf unser Wohl achten will. Doch wenn wir uns der Dunkelheit öffnen, kann er uns nicht nachkommen, denn sein Wesen ist das Licht.

Es liegt also an uns, ob wir so einen treuen Helfer an unserer Seite haben. Es sollte uns wichtig sein, Gott in den Mittelpunkt unseres Denkens zu nehmen und uns von seinen Gedanken leiten zu lassen. Wo uns Bitterkeit und Unversöhnlichkeit bestimmen, vertreiben wir den guten Boten Gottes.

Gott will, dass es uns gut geht. Er gibt uns gern seinen Engel als Begleitschutz auf unseren Wegen mit.

mal'ach und *angelos*

Im hebräischen Text des Alten Testaments steht für Engel und Bote – und zwar sowohl für den himmlischen Boten wie auch für den gewöhnlichen menschlichen Gesandten – das Wort *mal'ach*. Im Neuen Testament, das ursprünglich auf Griechisch geschrieben wurde, steht das Wort *angelos* (von dem der Mädchenname Angela abgeleitet ist), das ebenso beide Bedeutungen hat.

Meistens sehen wir Engel nicht, weil sie Geistwesen sind, die keinen Körper aus Fleisch und Blut haben. Gott verhüllt sie vor unseren Augen. Doch gelegentlich lässt er zu, dass Menschen sie sehen können.

Engel sind von so leuchtender Gestalt, dass Menschen zunächst erschrecken. Als der Engel bei der Geburt Jesu zu den Hirten auf dem Feld kommt, heißt es: »Die Hirten fürchteten sich sehr« (Lk 2,9). Der Engel spricht: »Fürchtet euch nicht!« Dieses »Fürchtet euch nicht« steht häufig in Verbindung mit Engelerscheinungen, z. B. nach der Auferstehung Jesu.

Manchmal haben Engel die Gestalt eines ganz normalen Menschen. Sie tauchen plötzlich in Notsituationen auf und sind dann ebenso plötzlich wieder verschwunden. Sie können aber auch in der

Form eines Tiers erscheinen, das eine Beschützer-
rolle übernimmt. Von einigen Missionaren wissen
wir, dass sie auf wunderbare Weise vor Überfällen
und Belästigungen bewahrt blieben, weil die An-
greifer eine ganze Schar von Soldaten bei ihnen sahen. Die Missionare dagegen nahmen diese Engel-
Soldaten überhaupt nicht wahr (siehe auch weiter
unten das Kapitel »Engel als Soldaten«). Und
manchmal benutzt Gott auch einen Menschen als
Boten, um jemand von einem falschen Weg zu-
rückzuhalten.

Die himmlischen Gesandten, die Gott schickt,
um seine Botschaft zum Menschen zu bringen,
ihm zu helfen oder ihn zu warnen, werden nicht
immer als übernatürliche Wesen erkannt. Als zum
Beispiel die Boten Gottes zu Lot kommen, um ihn
dazu zu bewegen, Sodom zu verlassen, erkennt
Lot sie nicht als Engel, sondern sieht normale
Männer in ihnen. Er nimmt sie in sein Haus auf.
Auch die Bevölkerung, die dann die Herausgabe
dieser Männer fordert, erlebt sie nicht als Engel
(1. Mose 19).

Engel haben, wenn sie als Engelwesen erscheinen, einen wunderbaren Glanz, sie zeigen sich als
leuchtende Erscheinung. In der Regel werden sie
von Menschen, die sie so gesehen haben, als junge,
starke Wesen beschrieben und als männlich empfunden, auch wenn sie keinen Bart tragen.

Engel stehen in einer bestimmten Ordnung zueinander. Es gibt übergeordnete Engelwesen, die in einer Armee eher den Offizieren gleichen, und andere, die eher Soldatenfunktion haben.

Engel im Alten und Neuen Testament

In Hebräer 1 erfahren wir viel über Engel. Dort wird erklärt, dass Jesus Christus über allen Engeln steht. In Vers 6 heißt es: »... es sollen ihn (Jesus Christus) alle Engel Gottes anbeten.« Und in Vers 14 steht: »Sind sie (die Engel) nicht allesamt dienstbare Geister, ausgesandt zum Dienst um derer willen, die das Heil ererben sollen?«

Das bedeutet, dass Gott für uns Engel aussendet, damit sie uns helfen. Gott gebraucht manchmal auch Menschen, die er im richtigen Moment zu uns schickt, oder Engel, die für kurze Zeit Menschengestalt annehmen.

Engel im Traum

Manchmal sendet Gott Engel in die Träume der Menschen hinein. Ein Beispiel aus dem Alten Testament ist Jakob. Als er vor seinem Bruder auf der Flucht ist, erscheinen ihm im Traum die Engel auf der Himmelsleiter (1. Mose 28,12). Im Neuen Testament wird uns berichtet, dass Josef ein Engel im Traum erscheint, als er Maria verlassen will (Mt 1,20). Später wird Josef angewiesen, mit Maria und dem Kind zu fliehen, und auch dies geschieht durch einen Engel, der ihm im Traum begegnet (Mt 2,13).

Engel in Menschengestalt

Bei Abraham lesen wir von drei Männern, die ihm die Geburt seines Sohnes ankündigen (1. Mose 18,1–10).

Nachdem Isaak erwachsen geworden ist, schickt Abraham seinen Knecht Elieser auf den Weg, der für seinen Sohn eine Frau aus seiner Verwandtschaft auswählen soll. Abraham lässt seinen Knecht wissen: »Der Herr, der Gott des Himmels, der mich von meines Vaters Hause genommen hat ..., der wird seinen Engel vor dir her senden« (1. Mose 24,7). Abraham rechnet fest mit Gottes Engel, der Elieser helfen wird. Als Elieser dann in die entscheidende Situation kommt, betet er zu Gott und erfährt Erhörung.

Engel, die als höhere Wesen zu erkennen sind

In Lukas 1,8–20 wird erzählt, wie Zacharias im Tempel dient und ihm beim Räucheraltar ein Engel erscheint, um ihm zu sagen, dass sein Gebet um ein Kind erhört worden ist.

Nach der Geburt Jesu kommen Engel zu den Hirten aufs Feld. Zunächst tritt ein Engel des Herrn zu ihnen und die Klarheit des Herrn umstrahlt sie. Sie fürchten sich sehr. Der Engel spricht mit den Hirten. Er sagt ihnen, dass der Heiland geboren ist. Nach dieser Botschaft kommen viele Engel dazu (»die Menge der himmlischen Heerscharen«) und preisen Gott. Diese Erscheinung muss so gewaltig gewesen sein, dass sich die Hirten unmittelbar danach zum Stall begeben (Lk 2,8–14).

Matthäus 4,1–11 berichtet, dass Jesus vom Geist in die Wüste geführt wird. Dort wird er durch den Teufel versucht. Nach schweren Prüfungen verlässt ihn der Teufel wieder: »Und siehe, da traten Engel zu ihm und dienten ihm.«

Vor seiner Verhaftung fordert Jesus die Jünger auf zu beten: »Wachet und betet, dass ihr nicht in Anfechtung fallt.« Er geht einen Steinwurf weit, kniet nieder und betet: »Vater, willst du, so nimm diesen Kelch von mir; doch nicht mein, sondern dein Wille geschehe!« Da erscheint ihm ein Engel vom Himmel und stärkt ihn (Mt 26,36–46; Lk 22,39–43).

Jesus hätte auf Golgatha Legionen von Engeln zu Hilfe rufen können. Das Kreuz und die Nägel, mit denen er festgenagelt war, wären für Engel kein Problem gewesen. Was Jesus Christus am Kreuz hielt, war seine unendliche Liebe für jeden Einzelnen von uns.

In Lukas 24 finden wir eine Schilderung des Ostergeschehens: Am ersten Tag der Woche gehen Maria Magdalena und Johanna und Maria zum Grab. Sie wollen Jesus mit speziellen Salben behandeln, wie es damals üblich war. Als sie zum Grab kommen, ist der Stein davor weggewälzt, der Leichnam nicht zu finden. Während sie ratlos dort stehen, erscheinen ihnen zwei Männer in strahlenden Kleidern, die zu ihnen sprechen: »Er ist nicht hier, sondern er ist auferstanden.«

Engel, die mit Namen genannt werden

Im Alten Testament hören wir, wie Daniel den Engel Gabriel erlebt: »Und Gabriel trat nahe zu mir. Ich erschrak aber, als er kam, und fiel auf mein Angesicht« (Dan 8,17). Der Engel Gabriel redet mit Daniel und nennt dabei den Namen eines weiteren Engels: »Fürchte dich nicht, Daniel! ... ich wollte kommen um deiner Worte willen. Aber der Engelfürst des Königreichs Persien hat mir einundzwanzig Tage widerstanden; und siehe, Michael, einer der Ersten unter den Engelfürsten, kam mir zu Hilfe ...« (Dan 10,12–13). Michael ist also ein Engelfürst, der das Heer Gottes in den Kampf führt und sich den Finsternismächten entgegenstellt.

Im Neuen Testament wird der Engel Gabriel zu

Maria in die Stadt Nazareth gesandt und spricht mit ihr (Lk 1,26–38). Es ist auch Gabriel, der vorher die Geburt von Johannes dem Täufer angekündigt hat (Lk 1,19).

Das Judentum kennt sieben Erzengel mit Namen: Gabriel, Michael, Raphael, Uriel, Raguel, Sariel, Jeremiel.

Engel als Soldaten

In 2. Könige 6,8–23 wird eine Geschichte über den Propheten Elisa erzählt: Elisa warnt den König von Israel mehrmals vor Anschlägen, die die Aramäer gegen ihn planen. Der aramäische König ist verärgert darüber, dass seine Pläne ständig misslingen, und er vermutet einen Verräter in den eigenen Reihen. Doch dann wird ihm zugetragen, dass es der Prophet Elisa ist, der von seinen geheimen Beratungen weiß.

Nun will der König von Aram Elisa fangen und ausschalten. Er belagert die Stadt Dotan, in der Elisa sich gerade aufhält. Als Elisas Diener am Morgen die Lage erkundet, sieht er voll Entsetzen, dass die feindlichen Truppen die ganze Stadt umstellt haben und eine unbesiegbare Übermacht bilden. Der Diener sagt zu Elisa: »O weh, mein Herr! Was sollen wir nun tun?« Elisa antwortet voller Vertrauen auf Gott: »Fürchte dich nicht, denn derer sind mehr, die bei uns sind, als derer, die bei ihnen sind!«

Und Elisa betet für den Diener: »Herr, öffne ihm die Augen, dass er sehe!« Gott erhört dieses Gebet. Ich kann mir vorstellen, wie dem Diener vor Staunen der Mund offen stehen bleibt. Er sieht nun plötzlich ganze Engelheere. Sie sind mit feurigen Pferden und Wagen ausgerüstet und bilden einen Schutzwall um sie herum.

Gott hat also eine eigene Armee, um denen beizustehen, die in Not sind. Auch wenn eine große Übermacht da ist, hat Gott viel gewaltigere Heere aufzubieten.

Beauftragung durch einen Engel

Gideon drischt gerade Weizen, als ihm ein Engel erscheint. Der Engel grüßt ihn mit den Worten: »Der Herr mit dir, du streitbarer Held!«

Da klagt Gideon dem Engel sein Leid: »Ist der Herr mit uns, warum ist uns dann das alles widerfahren? Und wo sind alle seine Wunder, die uns unsere Väter erzählten?« Der Engel ermutigt Gideon, den Kampf gegen die Feinde aufzunehmen, obwohl sie in der Überzahl sind. Gideon bittet um ein Zeichen, bereitet schnell einen jungen Ziegenbock zu und backt einige Brote. Der Engel Gottes weist Gideon an, Fleisch und Brot auf einen Felsen zu legen. Dann berührt er dieses Opfer mit der Spitze des Stabs, den er in der Hand hat, und es wird von einem Feuer verzehrt.

Gideon ist erschüttert darüber, dass er den Engel des Herrn gesehen hat. Er befürchtet zu sterben. Aber Gott sagt ihm zu: »Friede sei mit dir! Fürchte dich nicht, du wirst nicht sterben« (Ri 6,11–24).

Schutz durch einen Engel

Daniel dient am Hof von Darius, dem König von Babylon. Zusammen mit den anderen Juden ist er in Gefangenschaft geraten. Die Vornehmsten dieser Männer hat man an den Hof gebracht, um ihre Weisheit zu nutzen. Daniel ist durch verschiedene Umstände dort immer höher aufgestiegen. So hat er z. B. dem vorigen König Nebukadnezar einen Traum gedeutet, den sonst niemand auslegen konnte.

Aber wie so oft im Leben ruft Daniels Erfolg bei anderen Neid hervor. Man gönnt Daniel seine Stellung nicht. Weil nichts Negatives über ihn gefunden werden kann, gebraucht man eine List, um ihn aus dem Weg zu räumen: König Darius wird ein

Gesetz untergeschoben, dass jeder in seinem Reich 30 Tage lang nur Bitten an den König und an niemanden sonst richten darf. Denn Daniels Neider wissen, dass er täglich dreimal zu Gott betet. Ahnungslos unterzeichnet der König den Erlass, der als Strafe vorschreibt, dass der Schuldige in den Löwenzwinger geworfen wird.

Daniel beachtet alle Gesetze des Königs, doch dieses übertritt er, weil er Gott mehr fürchtet als die Menschen. Entsetzen erfasst Darius, als ihm Daniel nun als Übertreter vorgeführt wird. Widerwillig muss der König seinem eigenen Erlass gehorchen: Daniel wird in den Zwinger gebracht und die Tür mit dem Siegel des Königs verschlossen.

Fastend verbringt der König die Nacht und früh am Morgen eilt er zum Zwinger und ruft ängstlich: »Daniel, du Knecht des lebendigen Gottes, hat dich dein Gott, dem du ohne Unterlass dienst, auch erretten können von den Löwen?« Da antwortet Daniel dem König: »Der König lebe ewig! Mein Gott hat seinen Engel gesandt, der den Löwen den Rachen zugehalten hat, sodass sie mir kein Leid antun konnten; denn vor ihm bin ich unschuldig.«

Darüber ist der König sehr froh! Man findet keine Verletzung an Daniel, denn er hat seinem Gott vertraut (Dan 6).

Ein Engel als Befreier

In Apostelgeschichte 12 lesen wir, wie Petrus von Herodes gefangen genommen wird. In der Nacht schläft Petrus zwischen zwei Soldaten und mit zwei Ketten gefesselt. Die Gemeinde betet intensiv für ihn.

Da betritt ein Engel des Herrn das Gefängnis. Er stößt Petrus in die Seite, um ihn zu wecken. Die Ketten fallen Petrus von den Händen. Der Engel spricht mit ihm und gibt ihm genaue Anweisungen: »Gürte dich und zieh deine Schuhe an.« Petrus geht mit dem Engel hinaus und merkt anfangs nicht, dass sein Erlebnis Wirklichkeit ist. Der Engel begleitet ihn an den verschiedenen Wachen vorbei und durch das eiserne Tor, das sich von selbst öffnet. Eine Gasse weiter verlässt der Engel Petrus. Da erst begreift er, dass er frei ist.

Er geht zu Marias Haus, wo gerade viele Menschen versammelt sind und beten. Die Magd Rhode, die Petrus klopfen hört, ist so überrascht und erfreut, als sie seine Stimme erkennt, dass sie vergisst, ihm die Tür aufzumachen. Stattdessen rennt sie zu den versammelten Gläubigen, um ihnen zu sagen, dass Petrus gekommen ist. Die anderen können es gar nicht glauben und denken, es müsse Petrus' Engel sein ...

Offensichtlich rechneten auch die Menschen zur

Zeit Jesu damit, dass Engel Menschen begleiten, sonst hätten sie diese Vermutung sicher nicht ausgesprochen. In diesem Fall war es aber Petrus selbst, den Gott durch einen Engel befreit hatte.

Ermutigung durch einen Engel

In Apostelgeschichte 27 ist der Apostel Paulus unterwegs nach Rom. Dort soll er vor den Kaiser treten, auf den er sich in seiner Gerichtsverhandlung berufen hat. Als Gefangener gerät er mit der gesamten Schiffsmannschaft in einen schweren Seesturm. Die Menschen verlieren alle Hoffnung, noch gerettet zu werden. Aber Paulus macht ihnen Mut und berichtet: »Denn diese Nacht trat zu mir der Engel des Gottes, dem ich gehöre und dem ich diene, und sprach: ›Fürchte dich nicht, Paulus, du musst vor den Kaiser gestellt werden; und siehe, Gott hat dir geschenkt alle, die mit dir fahren.‹«

Bileams Esel – eine Begegnung mit Pfarrer Wilhelm Busch

Pfarrer Wilhelm Busch sprach einmal über 4. Mose 22. Dort geht es um Bileam, einen Mann, der die Gabe hat, Gottes Stimme zu hören. Freund und Feind versuchen, daraus Vorteile zu ziehen.

Balak, der Führer der Moabiter, will Bileams Verbindung zu dieser göttlichen Quelle nutzen, um Israel verfluchen zu lassen. Auf diese Weise hofft er, die Israeliten besiegen zu können.

Als die Boten kommen und ihre Bitte vorbringen, fragt Bileam Gott, wie er sich verhalten soll, und bekommt die klare Anweisung: »Verfluche das Volk nicht, denn es ist gesegnet.« Bileam gibt weiter, was er gehört hat. Nun sendet Balak noch bedeutendere Fürsten mit derselben Bitte zu Bileam. Obwohl Bileam bereits eine klare Antwort von Gott bekommen hat, befragt er Gott noch einmal.

Wahrscheinlich hofft er, Gott habe seine Meinung geändert. Der reiche Lohn, den er für den Fluch erhalten würde, ist zu verlockend. Gott redet nun, wie Bileam es sich im Herzen wünscht: Bileam soll die Männer begleiten, aber nur das tun, was Gott ihm vorher sagt.

Bileam sattelt die Eselin und zieht mit den Fürsten los. Wir lesen in der Bibel, dass Gott darüber zornig ist. Weiter heißt es: »Und der Engel des Herrn trat ihm in den Weg, um ihm zu widerstehen.«

Die Eselin weicht aufs Feld aus. Auf dem Weg durch die Weinberge, der an beiden Seiten von Mauern gesäumt ist, stellt sich der Engel wieder in den Weg. Die Eselin drängt sich gegen die Mauer und klemmt Bileams Fuß dabei ein. Bileam schlägt auf das Tier ein. Ein drittes Mal tritt der Engel in den Weg und dieses Mal gibt es keine Möglichkeit, ihm auszuweichen. Die Eselin fällt auf die Knie, was Bileam endgültig zur Weißglut bringt. Unbarmherzig traktiert er das Tier mit seinem Stecken.

Bileam ist so aufgebracht, dass ihm gar nicht bewusst wird, was geschieht, als die Eselin zu sprechen beginnt. Sie fragt ihn, warum er sie dreimal geschlagen hat, und er antwortet ihr wie einem Menschen.

Nun öffnet Gott Bileam die Augen. Er erkennt den Engel des Herrn und wirft sich zu Boden. Der Engel erklärt, dass die Eselin durch ihr Verhalten Bileam das Leben gerettet hat. Eigentlich müsste sich Bileam jetzt vor der Eselin verneigen!

Endlich ist Bileam wirklich zum Gehorsam bereit! Er soll mit den Fürsten mitgehen, aber nichts anderes sagen als das, was Gott ihm ausdrücklich aufträgt. Das Ganze endet damit, dass Bileam zu

Balaks Entsetzen keinen Fluch über dem Volk Israel ausspricht, sondern einen Segen.

»Herr Pfarrer«, wendet ein junger Mann nach der Predigt eher empört als fragend ein, »und Sie sind wirklich davon überzeugt, dass der Esel geredet hat?«

»Nun«, meint Wilhelm Busch nachdenklich, »wenn ich es mir recht überlege, ist es fast ein noch größeres Wunder, wenn ein Esel schweigen kann.«

Engel Gottes
und abgefallene Engel

Die Bibel enthält keine vollständige Lehre über die Engel, aber aus einzelnen Stellen lassen sich Informationen über ihre unsichtbare Welt ableiten. Es gibt verschiedene Hinweise, dass es zu einem Aufruhr unter den Engeln kam, der eine Spaltung nach sich zog. Ursprünglich gab es nur Engel, die Gott dienten und in enger Gemeinschaft mit ihm lebten. Doch Luzifer, ein gewaltiger Engel, lehnte sich gegen Gottes Alleinherrschaft auf. Er wiegelte auch andere Engel gegen Gott auf und brachte sie auf seine Seite. So zog er einen Teil von ihnen mit sich in den Abgrund. »Wie bist du vom Himmel gefallen, du schöner Morgenstern!«, lesen wir in Jesaja 14,12. In Offenbarung 12,3–4 steht, dass der feuerrote Drache ein Drittel der Sterne mit seinem Schwanz vom Himmel fegte, was wohl für ein Drittel der Engel steht. Diese Engel dienen nun Satan statt Gott und versuchen Menschen von Gott wegzubringen.

Luzifer heißt übersetzt Lichtträger. Offensichtlich war Satan ursprünglich ein besonders leuchtender Engel, einer der obersten, ein Erzengel. Bis heute kann er sich Menschen als Lichtgestalt zeigen und den Anschein erwecken, ein Bote Gottes zu sein. Deshalb sind Lichterscheinungen nicht unbedingt Engel Gottes. Es können auch Finsternisengel sein, die sich als Lichtengel verstellen (siehe 2. Kor 11,14). Doch auf unsere Frage, ob sie zu Jesus Christus gehören oder zur Gegenseite, werden sie Farbe bekennen müssen.

Engel anbeten?

Im Alten Testament sagt Gott in den Zehn Geboten: »Ich bin der Herr, dein Gott, der ich dich aus Ägyptenland, aus der Knechtschaft, geführt habe. Du sollst keine anderen Götter haben neben mir. ... Bete sie nicht an und diene ihnen nicht! Denn ich, der Herr, dein Gott, bin ein eifernder (eifersüchtiger) Gott ...« (2. Mose 20,2–5).

Im Neuen Testament warnt Paulus vor der Verehrung von Engeln (Kol 2,18).

Gott will, dass ihm allein Ehre zukommt. Engel sind geschaffene Wesen wie wir Menschen.

Um der Engel willen

Manchmal werde ich gefragt, warum ich einen Hut trage, während ich einen Vortrag halte oder mit Menschen bete. Ich habe für mich das Geheimnis von 1. Korinther 11,10 entdeckt: »Darum soll die Frau eine Macht auf dem Haupt haben um der Engel willen.«

Diese Stelle wird auf unterschiedlichste Weise ausgelegt. Für mich ist das Tragen einer Kopfbedeckung beim Gebet, sei es Schal oder Hut, ein Zeichen für die unsichtbare Welt. Auch wenn ich es nicht genau verstehe, habe ich nur gute Erfahrungen damit gemacht.

Wenn Männer beten, nehmen sie ihre Kopfbedeckung ab, so wie Paulus es lehrt. Das war früher so und gilt bis heute. Dass Frauen dagegen beim Beten eine Kopfbedeckung tragen sollen, war noch bei meinen Eltern üblich, während es heute oft als »alter Zopf« abgetan wird.

Auch mir war die Bedeutung der Kopfbedeckung nicht klar. Ich dachte, es sei einfach ein alter Brauch. Aber eines Tages war eine Frau bei mir zum Gespräch. Bevor wir am Schluss beteten, legte sie sich ein Tuch um ihren Kopf. Hinterher fragte ich sie, ob sie denke, dass das heute noch aktuell sei. Sie antwortete, dass sie es um der Engel willen tue. Nirgends sei dieses Wort aus 1. Korinther 11 aufgehoben. »Es scheint so, als sei dies ein Zeichen für Gottes Engel und ebenso für Satans Dienstboten«, erklärte sie. »Die Engel sehen darin wahrscheinlich unsere Ehrerbietung und unseren Gehorsam Gott gegenüber, die Finsternismächte aber können uns nichts anhaben, weil wir uns unter den Schutz Gottes stellen.« Abschließend sagte sie ganz schlicht: »Ich will darüber nicht streiten. Jeder muss selbst entscheiden, wie er damit umgehen will. Probieren Sie es doch einfach einmal aus.«

Offensichtlich hat unser Handeln nicht nur Auswirkungen auf die Menschen um uns herum, sondern auch auf die unsichtbare Welt, die uns sehr genau beobachtet. In 1. Korinther 4,9 heißt es: »Wir sind ein Schauspiel geworden der Welt und den Engeln und den Menschen.«

Mir wurde bewusst, dass ich nach dem Gebet mit belasteten Menschen immer Probleme hatte. Manchmal bekam ich genau die Schwierigkeiten, von denen die Leute mir berichtet hatten. Gelegentlich übernahm ich Gedanken, die mir vorher ganz fremd gewesen waren. Es ging mir auch immer wieder schlecht, wenn ich Vorträge hielt, in denen ich von Gottes Liebe und Jesu Tat am Kreuz sprach. Oft hatte ich, während ich redete, im Inneren schreckliche Szenen vor Augen, in denen meine Kinder verletzt dalagen oder mit Blaulicht ins Krankenhaus gebracht wurden.

Durch das Gespräch mit der Frau hatte ich nun etwas über die himmlischen Boten erfahren, die sich bestimmt über unseren Gehorsam freuen, und das gab mir Mut, von da an beim Beten und bei Referaten eine Kopfbedeckung zu tragen. Etwas Wunderbares geschah: Ich spürte viel mehr Schutz. Zwar bin ich vor einem Vortrag manchmal immer noch sehr schwach und habe gelegentlich Sorge, ich könne nicht die richtigen Worte finden, oder es ist mir elend. Das macht mich immer neu abhängig von Gott.

Aber von den schrecklichen Vorstellungen, meine Kinder könnten verunglückt sein, bin ich frei. Ebenso fühle ich mich nicht mehr von den unreinen Dingen und Sünden belästigt, die Menschen mir beichten. Nachdem wir die Schuld miteinander ans Kreuz gebracht haben, fühle ich mich frei und neugeboren wie mein Gegenüber.

Auch Corrie ten Boom trug immer einen Hut, wenn sie Vorträge hielt. Ich preise den Herrn Jesus Christus für dieses einfache Zeichen, das er uns Frauen anbietet und das so mächtige Auswirkungen hat.

37

Engel – hautnah erlebt

Engel als Helfer und Beschützer

Ein Engel hat mich aufgeweckt

Nach zwei Jungen schenkte Gott unseren Freunden Hanna und Uwe ein Mädchen, eine kleine Antje. Dieses Kind war ihnen eine ganz besondere Freude.

Ich lernte die Familie kennen, als Antje etwa drei Jahre alt war.

Antjes Mutter Hanna erzählt: »Nachts habe ich einen Schlaf wie ein Murmeltier. Ich denke, man könnte mich wegtragen, ohne dass ich es wahrnehmen würde. Nicht einmal Lärm weckt mich auf. Und ich schlafe regelmäßig durch bis zum Morgen.

Doch in jener Nacht, an die ich mich mein Leben lang erinnern werde, wurde ich aufgeweckt. Es war kurz nach ein Uhr. Ich spürte im Schlafzimmer etwas Dunkles, Bedrohliches, was mich in Angst versetzte, ohne dass ich sagen konnte, was es war. Zunächst schaute ich zu meinem Mann hinüber. Im Laternenschein, der von der Straße herkam, sah ich, dass er seelenruhig schlief. Danach blickte ich ins Bettchen unserer kleinen Antje hinüber, die bei uns im Schlafzimmer schlief. Sie war damals ein Jahr und neun Monate alt. Zu meinem Entsetzen sah ich, dass Antjes Arme leblos und schlaff auf beiden Seiten herunterhingen. Ihr Gesicht war kalkweiß, die Augen waren weit aufgerissen, ohne dass Leben in ihnen zu sein schien.

Ich riss das Kind aus dem Bettchen und rannte ins Bad. Mit kaltem Wasser versuchte ich Antje zum Bewusstsein zurückzubringen. Mein Mann hatte bereits den Notarzt angerufen. Mit dem bewusstlosen Kind fuhren wir im Krankenwagen zum Krankenhaus. Inzwischen begann Antje, linksseitig zu krampfen. Mein Herz bebte für unser kleines Mädchen. Innerlich schrie ich zu Gott, er möge eingreifen. Durch Medikamente, die sie erhielt, kam Antje allmählich wieder zu sich.

›Durch was sind Sie eigentlich wach geworden?‹, fragte mich der Arzt. ›Das Kind hat doch sicher nicht geschrien. Was hat Sie also aufgeweckt?‹

›Es muss ein Engel gewesen sein, der mich geweckt hat. Ich schlafe sonst wie ein Murmeltier‹, konnte ich nur antworten.

›Ja, dann muss es so gewesen sein‹, meinte er. ›Wenn Sie erst am Morgen in das Bettchen geschaut hätten, wäre ihr Kind längst tot gewesen.‹

Viele Untersuchungen folgten. Der Verdacht auf Gehirntumor bestätigte sich nicht. Auch sonst wurde nichts gefunden. Antje ist bis heute beschwerdefrei.

Dass Antje noch bei uns ist, das haben wir nur

unserem Gott zu verdanken, der seinen Engel schickte, um mich rechtzeitig aufzuwecken.«

Von Engeln getröstet und geleitet

Endlich Urlaub! Wenigstens ein paar Tage wollten wir nach einer segensreichen Freizeit, die ich am Chiemsee gehalten hatte, im Ausseer Land ausschlafen. Meine Mutter, meine Begleiterin und Freundin Elisabeth und mein jüngster Sohn Junias waren mit mir gefahren.

Meine Mutter vergnügte sich mit Handarbeiten und setzte sich vor dem Haus in die Sonne. Elisabeth, Junias und ich wollten ein wenig wandern gehen. Junias stapfte meist weit voraus, Elisabeth mit etwas Abstand hinterher. Ich war sehr erschöpft und bildete das Schlusslicht. Doch nachdem wir ein Stück zurückgelegt hatten, spürte ich neue Kraft und wollte weiter gehen als bis zur Bergwiese, wo der Weg zu Ende war.

»Wenn wir quer durch den Wald gehen, müssten wir eigentlich an der anderen Seite des Berges wieder herauskommen und dort dann den Weg nach Hause nehmen«, überlegte ich. Gesagt, getan. Zunächst kamen wir gut voran. Doch dann verhinderten Felsbrocken das Weitergehen. Wir kletterten weiter nach oben, um die Richtung zu hal-

43

ten. Der Wald war nicht sehr dicht und es gab viele morsche Bäume. Als ich mich an einem Stamm hochziehen wollte, kippte dieser einfach um.

Danach überquerten wir ein Geröllfeld. Anschließend behinderten dichte, kleine Tannen, Farn und Steine unser Weiterkommen. Junias ging mit Elisabeth etwa zehn Meter vor mir. Immer wieder rutschten wir zwischen den Steinen ab und klemmten uns die Schuhe ein. Mir wurde bewusst, dass es sehr gefährlich war, was wir hier taten, und dass wir den Weg, auf den wir hatten treffen wollen, offensichtlich nicht gefunden hatten. Herzlich bat ich den Herrn Jesus, uns zu bewahren und den Weg finden zu lassen.

Ich hatte noch nicht zu Ende gebetet, als ich zwei Gestalten bemerkte, die sich neben Elli und Junias bewegten. Sie wirkten wie ein zarter weißer Schleier. Und links von mir entdeckte ich ebenfalls diesen feinen weißen Nebel. Bei den beiden vor mir wirkte es so, als wären zwei Wesen neben ihnen und bewahrende und segnende Hände über ihnen. »Habt keine Angst, ich sorge für euch, es geschieht euch nichts Böses, ihr findet gut heim«, hörte ich eine Stimme liebevoll sagen. Ob sie in mir war oder von außerhalb kam, wusste ich nicht. Aber ich war tief getröstet.

Nur wenige Minuten später fanden wir einen kleinen Weg, der in einen größeren mündete. Staunend erkannten wir unseren Heimweg. Und wir dankten Gott von Herzen, dass er uns erhört hatte.

Engel in der Kirche

Karin ist eine Beterin. Sie betet treu für mich und meine Vortragstätigkeit, dass Gott Herzen für die Botschaft unseres Herrn öffnen möge. Immer wieder schickt sie mir einen Bibelvers als Ermutigung oder ein Wort, bei dem sie spürt, dass sie es mir weitergeben soll. Oft kommen diese Botschaften mit der Post an einem Tag an, an dem ich dringend Zuspruch brauche.

Karin hat öfter Begegnungen mit Engeln. Sie erzählt: »Am häufigsten sehe ich Engel während des Gottesdienstes in der Kirche. Am Heiligen Abend des Jahres 2003 stand eine ganze Gruppe von ihnen vor dem Altar. Öfter aber erlebe ich Engel in einer Dreiergruppe, die sich schützend vor mich stellt. Ob diese Engel mir persönlich von Gott zur Seite gestellt worden sind, weiß ich nicht. Sie stehen vor mir, ich sehe sie in einer Reihe angeordnet. Ihr Gesicht erkenne ich nicht, weil ich nicht wage, zu ihnen aufzublicken. Ich sehe aber, dass sie ihre Arme über der Brust gekreuzt haben wie zum Gebet. Es geht von ihnen eine Ausstrahlung von Wärme,

Licht und Geborgenheit aus. Manchmal erlebe ich sie, wenn ich zu Hause bete. Und vor einiger Zeit sah ich einige von ihnen, als ich an einer Beerdigung teilnahm.

Ihrer Gestalt nach erscheinen Engel wie junge Männer. Sie sind wesentlich größer als Menschen, etwa zweieinhalb bis drei Meter groß. Sie wirken Ehrfurcht gebietend, majestätisch, aber nicht bedrohlich.«

Ein Elia-Erlebnis

In 1. Könige 19 lesen wir, wie Elia erschöpft und lebensmüde unter einem Wacholder einschläft. Hinter ihm liegt eine harte Auseinandersetzung mit Priestern, die fremden Göttern gedient haben. Die Königin Isebel ist außer sich vor Wut, was Elia diesen Priestern angetan hat, und hat Elia den Tod angedroht.

Obwohl Elia einen wunderbaren Sieg errungen und Gottes Größe erlebt hat, ist er auf der Flucht vor einer einzigen Frau.

Corrie ten Boom schreibt: »Nach jedem Sieg ziehe den Helm fester!«

Elia ist fertig mit dem Leben, ausgebrannt. Er schläft einen Erschöpfungsschlaf, aus dem er nicht mehr aufwachen will. Da wird er von einem Engel aufgeweckt, der ihm Wasser und geröstetes Brot reicht – warmes, frisch zubereitetes Brot. Nach dieser Mahlzeit schläft Elia wieder ein, bevor ihn der Engel ein zweites Mal weckt und zu ihm sagt: »Steh auf und iss! Denn du hast einen weiten Weg vor dir.« (Wörtlich heißt es hier: »Denn der Weg ist zu groß für dich.«) Elia kann mit dieser Speise vierzig Tage und Nächte wandern, bis er zum Berg Gottes kommt.

Renate ist Pfarrfrau. Wir kennen uns seit vielen Jahren. Sie und ihr Mann haben ein offenes Haus, in dem sich jeder wohlfühlt. In diesem Sommer gibt ein Gast dem anderen die Türklinke in die Hand, außerdem sind Handwerker im Haus und einige Geburtstage fallen an.

Renate liebt Menschen und Feste. Gern steht sie am Herd, kocht, backt, zaubert Köstlichkeiten und möchte anderen Heimat geben. Aber dann kommt der Punkt, wo sie einfach ausgebrannt ist. Sie kann nicht mehr. Sie möchte nicht mehr. Doch der Besucherstrom reißt nicht ab. Sie will nicht unfreundlich sein, aber sie sehnt sich so sehr danach, dass sie auch einmal frei hat, dass die anderen für sie sorgen und nicht sie für die anderen, dass jemand ihre Not sieht und ohne Aufforderung mit anpackt, ihr die Verantwortung abnimmt, sie ablöst.

Zu dieser Zeit liest sie die Geschichte von Elia

unter dem Wacholder. »Herr«, betet sie, »könntest du mir nicht auch so einen Engel senden, der mich mit Brot und Wasser versorgt, der mich ein bisschen verwöhnt, der mich stärkt, der mir das Gefühl gibt, dass jemand an mich denkt und mich in meiner Überforderung sieht?«

Und sie erzählt, was dann geschieht: »Da ruft der Diakon an: ›Mir ist etwas Peinliches passiert‹, beginnt er. ›Da hab ich mich doch tatsächlich um vier Wochen vertan! Ich habe für unser Diakonentreffen jede Menge Essen eingekauft und fertig vorbereitet und sehe jetzt voll Entsetzen, dass das Ganze erst viel später stattfindet. Was mach ich nur?‹

›Kein Problem‹, sage ich, ›du bist meine Gebetserhörung. Du bist der Engel, der Elia Brot und Wasser bringt in seiner Erschöpfung. Heute Abend brauche ich für nichts zu sorgen.‹ Und so geschieht es: Ich habe genug Essen für alle, ohne einen Finger krumm zu machen!

Aber Gott hat mir noch mehr Engel geschickt, um mir klarzumachen, dass er meine Not sieht: Eine Schweizer Freundin sandte mir ein Päckchen mit herrlichem Gebäck. Der Küster brachte mir frischen Salat aus seinem Garten – was für eine große Freude!

Tag für Tag schickte Gott mir als Liebeszeichen Menschen vorbei, die mir Freude bereiteten und mich versorgten. Ich fühlte mich wie Elia, der

48

plötzlich die Kraft bekam, zum Berg Gottes zu laufen. Dort kam auch ich wieder an, aber dieses Mal nicht als jammerndes Bündel, sondern als Gottes Tochter, die über seine Liebe nur staunen kann. Er sandte mir Menschen als Engel, um mir zu versichern: ›Ich lasse dich keinen Moment aus den Augen. Ich bin bei dir.‹«

Der Lichtstrahl eines Engels und das Blut eines Engels

Hans und Eva Bovelet sind Freunde von uns. Vor über dreißig Jahren, als er auf dem Höhepunkt seiner Karriere stand, kannten wir Hans aber noch nicht. Damals schien alles für ihn zu stimmen: Er hatte Frau und Kinder, Haus und Swimmingpool, sogar ein Mercedes stand in der Garage. Doch Hans wurde schwer krank. Er war so deprimiert, dass er ernsthaft daran dachte, sein Leben zu beenden.

Als er eines Tages in der Dämmerung am Bücherregal vorbeiging, zog er zufällig die Bibel heraus. Wahllos schlug er sie auf und versuchte im Halbdunkel etwas zu lesen. Da fiel ein Lichtstrahl auf Vers 6 im 14. Kapitel des Johannesevangeliums: »Jesus spricht zu ihm: Ich bin der Weg und die Wahrheit und das Leben; niemand kommt zum Vater denn durch mich.«

Hans erzählt: »Dies war der Beginn meiner Heilung und eines neuen Wegs, den Gott mich mit meiner Frau zusammen führte. In Mindoro auf den Philippinen begannen wir eine Missionsstation aufzubauen. Cecilia, eine einheimische Christin, lebte bei uns, sie war unsere Mitarbeiterin und Dolmetscherin. Uns war nicht bekannt, dass es in unmittelbarer Nachbarschaft Räuberbanden gab.

Eines Abends hörte ich Geräusche in unserer Außenküche. Als ich nach draußen ging, überfiel mich jemand mit einer Machete und wollte mir den Kopf abtrennen. Er traf mich nicht genau, aber doch so schlimm, dass mein Schulter-Arm-Bereich dabei gelähmt wurde. Außerdem verletzte er meine Halsschlagader. Aus einer riesigen Wunde schoss das Blut heraus und ich wusste, dass dies mein Ende sein würde.

Meine Frau und Cecilia hörten den Lärm, kamen dazu und sahen mich zusammengesackt im Blut liegen. Im Namen Jesu befahlen die beiden Frauen den Angreifern, das Gelände zu verlassen, was auch geschah. Doch während die beiden versuchten, mich vom Boden aufzuheben, kam der Anführer unbemerkt zurück. Er holte voller Wut aus, um Cecilia zu töten. Gerade in diesem Moment zog mich Cecilia mit einem Ruck hoch. Dadurch wurde sie nicht am Kopf, sondern an der Seite getroffen und schwer verletzt. Wieder geboten die Frauen dem Mann im Namen Jesu zu weichen. Daraufhin verschwand er für immer.

Bei uns sah es aus wie in einer Schlachterei. Ich bat meine Frau darum, unser Werk weiterzuführen, denn ich sah in der Ecke unserer Hütte den Todesengel auf mich warten, groß, schwarz und bedrohlich. Ich spürte seine Aufforderung, mit ihm zu gehen.

Nun begann meine Frau, Verse aus Psalm 91 laut zu zitieren: ›Er liebt mich, darum will ich ihn erretten; er kennt meinen Namen, darum will ich ihn schützen. Er ruft mich an, darum will ich ihn erhören; ich bin bei ihm in der Not, ich will ihn herausreißen und zu Ehren bringen. Ich will ihn sättigen mit langem Leben und will ihm zeigen mein Heil.‹

Ich sah, wie die schwarze Gestalt sich zurückzog und immer weiter zurückwich. ›Betet weiter!‹, bat ich die Frauen. Aus derselben Ecke, aus der der Todesengel mich angeschaut hatte, sah ich nun Jesus auf uns zukommen. Leuchtend war sein Gesicht und in seiner Gegenwart fühlten wir tiefen Frieden und auch Heilung. Inzwischen waren Menschen aus der Nachbarschaft herbeigekommen. Alle spürten diesen Frieden. Ich sah, wie Jesus Christus seine Hände auf die Wunden legte. Die Blutungen kamen augenblicklich zum Stillstand.

Uns war klar, dass der gewaltige Blutverlust durch eine Transfusion aufgefüllt werden musste. Doch auf Mindoro, einer Insel, so groß wie der Schwarzwald, gab es damals noch keine Blutbank. Trotzdem hofften wir auf Hilfe. Nach über vier Stunden Fahrt mit einem kleinen Jeep erreichten wir die Provinzhauptstadt Calapan. Ein einheimischer Arzt kam aus dem kleinen Krankenhaus heraus, um festzustellen, dass wir beide dringend Blut brauchten, um zu überleben. Doch woher sollte man es bekommen?

Plötzlich tauchte ein etwa dreißig Jahre alter, gebildet wirkender Filipino auf. Er behauptete mit liebenswürdiger Sicherheit: ›Ich habe das Blut dieses Missionars.‹ Bei einer Überprüfung stellte sich heraus, dass das stimmte, und es wurde eine Direktübertragung von Mensch zu Mensch vorgenommen. Außer diesem Satz, den er noch einmal wiederholte, sprach der junge Mann nichts weiter. Danach war er spurlos verschwunden. Keine Menschenseele hatte ihn je zuvor gesehen oder gekannt. Das ist umso erstaunlicher, als dort jeder jeden kennt. Ich bin diesem Lebensretter nie zuvor und auch nie mehr danach begegnet.

Zwei Wochen mussten wir im Krankenhaus bleiben. Cecilia kam ohne Bluttransfusion aus. Die Wunden wurden vernäht. Gott rührte später meinen nicht mehr richtig funktionierenden Arm gnädig an, dass ich ihn heute wieder voll gebrauchen kann.

Auf wunderbare Weise hatte Gott Engel geschickt, um die Räuberbande von unserem Haus zu verjagen. Es war wohl eine ganze Armee von Engeln, die diese Leute aus unserem Haus trieben. Denn wir sahen, wie diese Leute buchstäblich zurückgeschoben wurden, ohne dass wir hätten feststellen können, wer sie so unsanft hinausstieß.

Und sicherlich war es auch ein von Gott Gesandter, den Gott mit meiner Blutgruppe losgeschickt hatte, um mich vor dem Tod zu retten. Oder Gott hatte einen Menschen von einer anderen Insel beauftragt, genau zu diesem Zeitpunkt an Ort und Stelle zu sein. Und welch eine Gnade, wenn dieser Mensch dann Gott gehorchte!«

Wie wichtig ist es, auf Gottes Stimme zu hören und ihm dann zu gehorchen.

Für die Engel ist es keine Frage, ob sie gehorchen oder nicht. Sie sind willig, Gottes Helfer zu sein, und freuen sich mit, wenn Gottes Name groß wird.

Ein Engel in Gestalt eines Hundes

Don Bosco nannte man den großen Jugendapostel. Mitte des 19. Jahrhunderts versuchte er, verwahrlosten Jugendlichen zu helfen, indem er ein Jugenddorf für ihre Erziehung und Ausbildung schuf.

Als Priester war er viel unterwegs, oft auch nachts, wenn er an ein Sterbebett gerufen wurde. Er lebte in Turin, das bekannt war für räuberische Überfälle. Doch Don Bosco fürchtete sich nicht. Auch vor Leuten, die ihm feindlich gesinnt waren, hatte er keine Angst. Denn immer wieder wurde ihm von einem mächtigen Hund im richtigen Augenblick geholfen. »Grigio« nannte Don Bosco diesen Vierbeiner. Es war ihm aber bewusst, dass Grigio kein Hund, sondern in Wirklichkeit sein Schutzengel war, der die Gestalt eines Hundes angenommen hatte, um Don Bosco zu beschützen. Grigio brauchte nie gefüttert zu werden. Er war normalerweise überhaupt nirgendwo zu finden. Doch wenn Don Bosco in Schwierigkeiten geriet, tauchte Grigio aus dem Nichts neben Don Bosco auf, um danach wieder auf geheimnisvolle Weise zu verschwinden.

Von Engeln aus dem Moor herausgeführt

Schwester Margarita ist eine liebenswürdige Ordensschwester, mit der ich seit vielen Jahren in Verbindung stehe. Ich freue mich von Herzen, wie Schwester Margarita versucht, ihren Schülerinnen und Schülern in der Krankenpflegeschule nicht nur Unterricht zu erteilen, sondern sie mit Gottes guter Botschaft vertraut zu machen. Als ich ihr eines Tages von meinem Erlebnis bei der Wanderung erzählte, schrieb sie mir Folgendes:

»Als Mutter noch lebte, fuhr ich alljährlich für zwei bis drei Wochen nach Hause ins wildromatische Murgtal. Meinen Schülern erzählte ich von meinen schönen Wanderungen. Manche wurden neugierig und überraschten mich im Urlaub mit einem Besuch. So auch Monika. Angetan von meinen begeisterten Erzählungen, wollte sie nun den Moorsee, schwarz wie die Nacht, in über 900 Meter Höhe mit eigenen Augen betrachten und dabei die ganze Flora mit Latschenkiefern, Wollgras, Sonnentau und Moosbeeren kennen lernen.

Am frühen Morgen machten wir uns auf den Weg. Die Sonne war gerade prächtig aufgegangen und versprach einen warmen Tag. Für die steile Anfahrt nahmen wir das Auto. Dann ging's weiter zu Fuß. Monika war angetan von der klaren Luft und der herrlichen Hochmoor-Landschaft. Bei guten Gesprächen und fröhlichem Austausch entging uns, dass wir immer mehr von den eingefassten Wegen abkamen. Plötzlich schwankte der Boden unter unseren Füßen. Wir waren unbemerkt in Torfmoor und Unterholz geraten. So etwas war noch mir nie passiert! Viel zu weit waren wir vom sicheren, eingegrenzten Weg abgekommen. ›Oh Gott‹, dachte ich, ›wenn wir jetzt im Moor einbrechen! Niemand wird uns finden, niemand kann uns helfen. Oh Gott, hilf uns mit allen deinen Engeln!‹

Da wir schon mitten im Moor standen, war auch der Rückweg zu riskant. So machten wir mit Herzklopfen und Gebet einen kleinen Schritt nach dem anderen, immer weiter. Hochstämmige Bäume tauchten in der Ferne auf. Der Boden festigte sich mehr und mehr. Schließlich waren wir vollkommen aus dem gefährlichen Gebiet heraus. Erschöpft und dankbar ließen wir uns im Gras nieder. Sicher hatte Gott unser Gebet erhört und Engel geschickt. Ohne dass wir sie wahrgenommen hatten, wurde uns von ihnen der rechte Weg gezeigt.

In einiger Entfernung hörten wir Enten schnattern. Da wusste ich, dass der Hohlohsee ganz in der Nähe sein musste. Zwar noch mit etwas zitternden Knien, aber doch auch ermutigt von der Bewahrung, gingen wir weiter zu unserem eigentlichen Ziel. Diesmal allerdings achteten wir genau auf die Wegbegrenzungen!

Welch ein wundervoller Anblick! Der schwarze See, umgeben von leuchtend weißen Wollgräsern! Ein leichter Morgenwind sandte uns hin und wieder ein Wollgrasflöckchen vorbei. Es war wie eine sanfte Berührung von einem Engel, dessen Gegen-

56

wart wir so hautnah erfahren hatten. Lange hielten wir uns am Ufer auf, dankbar, schweigend, schauend, horchend ... Eine Entenmutter kam mit ihren zierlichen Jungen in unsere Nähe, sorgsam auf die Kleinen achtend. Wie gut, dass Gott mit seinen Engeln auch auf uns Acht hatte!

Bei unserem Nachhauseweg griffen Engel nochmals liebevoll ein. Bei der steilen Abfahrt mit dem Auto schossen Kinder aus einem Hof direkt auf die Straße. Monika konnte den Wagen ruckartig zum Stehen bringen. Unsere Herzen schlugen bis zum Hals. Niemand war verletzt worden. ›Das hätte ich nicht gedacht, dass der Schwarzwald so gefährlich sein kann‹, seufzte Monika.

›Ja‹, erwiderte ich, ›überall brauchen wir Engel, die uns bewahren. Wir wollen zusammen innig danken.‹«

Klettertour zu dritt

Annett ist die Mutter meines kleinen Patenkindes Samuel. Folgende Begebenheit erlebte Annett, als sie noch unverheiratet war: »Meine Freundin Daniela und ich waren beide in der Ausbildung zur Krankenschwester. An einem gemeinsamen freien Tag wollten wir einen Traum verwirklichen und eine Fahrradtour an der Elbe entlang ins Sächsische

Elbsandsteingebirge machen. Voll Freude radelten wir los, bepackt mit leckerem Essen. Das Wetter war optimal.

Nach drei Stunden erreichten wir den Kurort Rathen und ließen dort unsere Fahrräder stehen. ›Eine Abenteuerwanderung, das wäre was‹, dachten wir uns. Statt der markierten Wege wählten wir den Pfad hinter einer Absperrung. Bei angeregter Unterhaltung kraxelten wir immer höher hinauf.

Was für eine Aussicht! Scheinbar mühelos gelang alles. Wir waren so vom Ehrgeiz gepackt, noch höher hinaufzukommen, dass wir das Gefühl für die Gefahr verloren hatten, in der wir uns inzwischen befanden.

›Das nächste Mal nehmen wir dann professionelle Kletterausrüstung mit‹, hörte ich Daniela sagen, als ich mich an einer Felswand hochhangelte. Wir hielten uns für grandiose Bergsteiger. Da passierte es: Unter mir ertönte ein Knacken! Ein Stein gab nach. Ich rutschte ab. Wie unverantwortlich waghalsig waren wir gewesen! Unter mir blickte ich in eine viele Hundert Meter tiefe Schlucht. Zum Beten blieb kaum Zeit, aber in meinem Herzen schrie ich zu Gott.

Mitten aus dem Fels ragte genau an dieser Stelle eine Wurzel. Ich konnte sie fassen und mich daran festklammern. Mit Danielas Hilfe erreichte ich einen kleinen Felsvorsprung. Mein Herz raste wie verrückt.

Der Abstieg war sehr riskant. Ich denke, wir haben an diesem Tag Engel gehabt, die uns bewahrten. Auf jeden Fall waren wir an diesem Tag mindestens zu dritt: meine Freundin, ein Engel und ich.

Wie barmherzig von Gott, dass er uns Engel gesandt hat, obwohl wir uns aus Leichtsinn in eine so gefährliche Situation gebracht hatten. Was für eine schöne Erfahrung, dass er uns schützte! Von ihm kam kein ›Siehst du, hättest du mal besser aufgepasst‹, sondern ein liebevolles ‚Ich hab dich lieb und will dich beschützen‹.«

Der überfahrene Fuß

Toni, die eigentlich Antonie heißt, und ich begegneten uns das erste Mal bei einer Schiffsreise. Tonis Hobby ist es, köstliche Marmelade zu kochen und Menschen damit Freude zu bereiten. Auch ihre selbst gemachte Handcreme ist einmalig! Mit ihrem Mann Otto wohnt sie in der Nähe von Heilbronn. Ihre Kinder sind inzwischen groß und Toni und Otto freuen sich, Großeltern zu sein.

An dem Tag, von dem ich erzählen möchte, waren sie jedoch nicht für die Kinder oder Enkel da, sondern wollten sich selbst etwas Gutes tun. Um fit zu bleiben, waren sie auf dem Weg zur Seniorengymnastik.

Toni wollte ihre beiden Matten ins Auto legen und stand schon neben dem Wagen. Otto wollte ein Stückchen nach vorn fahren, damit Toni die hintere Wagentür besser öffnen könnte, denn an dieser Stelle war der Durchgang sehr eng. Doch Toni hatte ihren linken Fuß unter das Auto gestellt und nun fuhr Otto mit dem Hinterrad darüber. Toni schrie vor Schmerz auf: »Fahr weiter!«

Otto begriff nicht, warum er das tun sollte, aber er rollte weiter nach vorne. »Warum hast du so geschrien?«, fragte er dann ahnungslos.

»Weil du über meinen Fuß gefahren bist«, jammerte Toni. »Jetzt kannst du allein in die Gymnastik gehen!« Sie humpelte ins Haus. Trotz der starken Schmerzen dachte sie nicht daran, zum Arzt zu gehen. »Vielleicht hilft ein heißes Fußbad«, überlegte sie und stellte den betroffenen Fuß in die Wanne. »Das war das Verkehrteste, was du tun konntest«, wurde sie später von einer Bekannten belehrt.

Toni erwartete nun, dass der Fuß anschwellen würde. Spätestens am Tag danach würden die üblichen Verfärbungen einsetzen. Aber nichts davon ereignete sich. Schon am nächsten Tag konnte sie auftreten wie vorher und spürte nicht einmal Schmerzen. Sie sieht das heute als Wunder an.

Wahrscheinlich waren auch hier Engel am Werk. Vielleicht hob ein Engel das Auto an, sodass nur ein leichter Schaden entstand. Wie herrlich wirkt Gott durch seine Boten! In seiner Liebe setzt er manchmal die Gesetze dieser Welt für kurze Zeit außer Kraft, um seinen Kindern Gutes zu tun.

Der unsanfte Engel

Klaus und Edith Wentz kennen wir seit vielen Jahren. Sie setzen sich für Waisenkinder in Indien ein und sind immer wieder dort, um vor Ort zu helfen. Im Februar 2004 erlebte Edith eine wunderbare Errettung vom Tod: »Mein Mann und ich waren an einer schweren Virusgrippe erkrankt. Auch die Atemwege waren davon betroffen. Dies war umso beschwerlicher und auch gefährlicher für mich, als ich Asthmatikerin bin. Das Atmen fiel mir ohnehin nicht leicht. Doch an jenem Abend schlief ich trotzdem gut ein.

Es war schon lange nach Mitternacht, etwa gegen ein Uhr, als ich sehr unsanft mit einem starken Ruck an meinem linken Arm auf die Bettkante gerissen wurde. Ich konnte mir gar nicht vorstellen, wer das gewesen sein sollte, denn mein Mann und unser Hund schliefen friedlich.

Durch den heftigen Ruck war ich hellwach und

merkte, dass ich nicht mehr Atem holen konnte. Schon im nächsten Moment fand ich mich in unserem Badezimmer wieder, mein Asthmaspray in der Hand. Danach setzte ein heftiger Hustenanfall ein. Der Reiz hörte nicht auf. Ich hustete immer wieder, bis sich der Schleim völlig gelöst hatte und herausgekommen war. Danach konnte ich das Spray nehmen. Bis sich wieder eine halbwegs normale Atmung eingestellt hatte, waren etwa dreißig Minuten vergangen. Danach kehrte ich zurück ins Schlafzimmer.

Mein Mann und auch der Hund hatten all das verschlafen und wurden erst jetzt wach. Normalerweise merkt unser kleiner Hund als Erster, wenn sich ein Asthmaanfall einstellt, und weckt dann meistens meinen Mann. Aber in dieser Nacht war alles anders. Ich erzählte meinem Mann, was ich gerade erlebt hatte. Ich merkte, dass ich immer noch Schmerzen in meinem linken Arm hatte von dem unsanften Hochreißen aus dem Schlaf. Wir beteten miteinander und schliefen wieder ein.

Am nächsten Morgen fühlte ich mich trotz der Ereignisse der Nacht und der Grippe recht erholt. Allerdings spürte ich immer noch die Schmerzen in meinem linken Arm. Nachdenklich ließ ich alles noch einmal Revue passieren, als das Telefon klingelte.

Ein lieber Freund aus Thüringen rief an und

fragte, wie es mir gehe. Er ist Asthmatiker wie ich und kurz vor Weihnachten 2003 bei einem schweren Asthmaanfall mit Atem- und Herzstillstand nur knapp dem Tod entgangen. Das beherzte Eingreifen einer Notärztin hatte ihm im letzten Moment das Leben gerettet. Ich antwortete auf seine Frage: ›Eigentlich geht es mir wieder gut. Aber wenn ich dir, dem Atheisten, erzähle, was ich heute Nacht erlebt habe, wirst du es mir doch nicht glauben.‹ Danach berichtete ich ihm die ganze Begebenheit und dass ich fest glaubte, dass ein Schutzengel mich regelrecht aus dem Schlaf gerissen hatte, um mich vor dem Tod zu bewahren.

Am anderen Ende der Leitung war es totenstill. Nach mehrfachem Nachfragen berichtete er mir, was ihm in der Nacht passiert war: ›Ich konnte nicht schlafen. Bis gegen ein Uhr wälzte ich mich im Bett herum. In mir war das starke Gefühl, dass bei euch etwas nicht in Ordnung war. Ich war sehr verzweifelt, denn ich spürte eine große Bedrohung über euch. Der Anstand verbot mir, mitten in der Nacht bei euch das Telefon läuten zu lassen. Doch die Angst um euch ließ mich nicht los. Was sollte ich bloß tun? Ich dachte mir: Sollte es diesen Gott, von dem mir die beiden immer wieder erzählen, wirklich geben, dann wäre es jetzt wirklich dran, dass er eingreifen sollte. Schließlich fing ich an zu beten. Ich wusste zwar nicht genau, wie das geht, aber ich drückte meine ganze Angst aus, immer, immer wieder, bis gegen halb zwei, und bat diesen Gott von Klaus und Edith, ihnen jetzt zu helfen. Danach wurde ich ruhig und konnte einschlafen.‹

Da begriff ich, dass Gott das Gebet unseres Freundes erhört hatte. Gott hatte einen Engel losgeschickt, der mich wachrütteln sollte, weil ich sonst im Schlaf ganz still gestorben wäre.

Der Freund wurde dadurch sehr nachdenklich. Ich danke Gott von Herzen, dass er ihn gebraucht hat. Mein Gebet ist, dass dieser Mann Jesus Christus als seinen Erlöser erkennt.

Dass es Engel gibt, die uns zum Schutz und zur Hilfe von Gott gesandt werden, ist für mich spätestens seit diesem Erlebnis keine Frage mehr. Mehrere Tage lang spürte ich übrigens noch Schmerzen im Arm, die mich jedes Mal neu daran erinnerten, dass Gott mir einen Engel geschickt hatte, um mir noch einmal das Leben zu schenken.«

Dass sie dich auf den Händen tragen

Hilde wird dieses Jahr 99 Jahre alt. Jedes Mal, wenn sie mir begegnet, kann ich nur staunen, was für eine lebhafte Person sie ist. Sie ist völlig klar im Kopf, nimmt Anteil an meinem Leben, fragt mich detailliert nach meiner Familie und ist erstaunlich fit.

»Bist du schon einmal einem Engel begegnet?«, fragte ich sie, als ich diese Geschichten aufzeichnete. »Einem?«, lachte sie. »Vielen! Hör mal zu, mein Kleines, die sind ja immer um uns. Gesehen hab ich noch keinen. Na ja, ich sehe auch fast nichts mehr mit meinen Augen. Aber gespürt, gespürt habe ich sie wohl. Es ist vielleicht drei Wochen her, da hatte ich wieder so ein Erlebnis:

Ich wollte auf den Balkon, um meine Blumen zu gießen. Da hatte ich doch glatt vergessen, dass ich die Katzentoilette direkt vor die Tür gestellt hatte. Und prompt fiel ich darüber. Eigentlich hätte ich direkt auf das Balkongeländer aufschlagen müssen, denn ich fiel in diese Richtung und der Balkon ist nur ein schmaler Streifen. Aber nein! Sanft wurde ich angehoben und dabei gedreht. Schließlich legte mich jemand ganz zart auf dem Boden nieder. Nein, mein Mädchen, ich bin alt, aber nicht verwirrt«, lachte sie. »So was gibt's doch eigentlich gar nicht: Man fällt aufs Geländer und wird dann liebevoll auf den Boden gelegt! Mein Hausschuh flog dabei weg. Später brachte ihn mir ein Nachbar aus dem Garten herauf, wo er ihn gefunden hatte. Mir war nichts geschehen, kein Kratzer, kein blauer Fleck, kein Aufschlag auf dem Hinterkopf. Siehst du, so was können nur Engel!«

Ein Engel auf dem Surfbrett

Armin und Heike sind ein junges Ehepaar. Weil sie sich Israel verbunden fühlen, verbrachten sie einige Zeit in einem Kibbutz. An einem herrlichen Sonnentag fuhren sie nach Netanja ans Mittelmeer. Bei wolkenlosem Himmel lag das Meer spiegelglatt vor ihnen. Eine tolle Möglichkeit, sich im Wasser abzukühlen. Beide waren sie recht gute Schwimmer. Doch sie wollten kein Wagnis eingehen und nicht zu weit hinausschwimmen. Es sollte nicht zu anstrengend werden.

Sie waren noch nicht weit vom Strand entfernt, als Heike in einen Sog geriet. Es hatten sich außerdem starke Wellen gebildet und Heike wurde von einer überrollt. Ihre langen Haare wirbelten so sehr um sie herum, dass sie die Orientierung verlor. Ihr Mann bemerkte ihre Not und schwamm zu ihr hin. Aber es gelang ihm kaum, sie von dort wegzubringen. Er überlegte, ob er zurück zum Ufer schwimmen sollte, um Hilfe zu holen. Aber er wollte Heike auch nicht allein lassen. Zum einen war Heike von dem Sog erfasst, zum anderen war sie in Panik. Sie sagt heute, dass sie mit ihrem Leben abgeschlossen hatte und meinte, dass sie jetzt sterben würde.

In diesem Moment der Ausweglosigkeit kam ein Surfer vorbei, scheinbar aus dem Nichts. »Can I help you?«, fragte er nur und packte Heike auf sein Surfbrett. Er brachte sie und Armin zusammen an den Strand. Sie brauchten dazu mehr als 20 Minuten, was ihnen wie eine Ewigkeit erschien. Wahrscheinlich waren sie durch den Sog weiter hinausgetrieben worden, als sie gedacht hatten.

Der Surfer half noch, Heike vom Brett zu heben. Dann war er wie vom Erdboden verschwunden. Armin und Heike hätten sich gern bei ihm bedankt. Außerdem wollten sie fragen, ob sie noch in ein Krankenhaus gehen sollten. Aber der Mann war samt seinem Surfbrett weit und breit nicht mehr zu sehen.

Ob er ein Engel war? Sie wissen es nicht. Aber Gott hatte in seiner Liebe rechtzeitig einen Helfer für sie bereit, um sie vor dem Tod zu retten.

Bewahrungen im Krieg

Die Kriegszeit liegt scheinbar unendlich lange hinter uns. Doch fast jeder, der sie durchgemacht hat, weiß von Bewahrungen zu berichten. Nie in unserem Leben sind mehr Engel in Aktion als in schwierigen Lebenslagen.

Mein ehemaliger Lateinlehrer, Herr Dr. Selb, erzählt: »Am 19. März 1944 wurde ich in der Evangelischen Stadtkirche Baden-Baden von Pfarrer

Brandl konfirmiert. Mein Konfirmationsspruch ›Seid getrost und unverzagt alle, die ihr des Herrn harret‹ (Ps 31,25) hat mich durch mein ganzes Leben geleitet. Hier drei Beispiele aus dem Zweiten Weltkrieg, bei denen dieser Spruch lebendig wurde:

September 1944. Ein halbes Jahr nach meiner Konfirmation sollte ich als 15-Jähriger zum Einsatz an den Westwall kommen. Wir waren schon im Zug auf dem Weg dorthin. Doch bei einem unserer Haltepunkte im damaligen Baden-Oos wurde uns mitgeteilt, dass eine Stunde zuvor ein Gegenbefehl ergangen sei: Jugendliche durften nicht mehr zum Westwall beordert werden.

Gott hatte Engel geschickt, die jemanden bewogen hatten, Jugendliche – und damit auch mich – vor einem Einsatz zu bewahren, der vielleicht für mich das Ende bedeutet hätte.

Am 22. März 1945 bekam ich mit vier anderen Kameraden den Auftrag, auf Befehl einer so genannten Einsatzstaffel Panzerfäuste in Halle an der Saale abzuholen. Wir waren als Anhalter unterwegs, um zunächst nach Heidelberg zu kommen. Plötzlich stoppte unser Wagen unter einem Chausseebaum in der Nähe von Ubstadt. Kurz danach stieß ein Jagdbomber der Alliierten viermal bis auf 15 Meter herunter und beschoss ein Militärfahrzeug 100 Meter vor uns. Wir wurden wohl deshalb

68

verschont, weil uns ein Rotkreuzwagen mitgenommen hatte. In Heidelberg beschlossen wir dann umzukehren, da ein Durchkommen wenige Tage vor der Einnahme der Stadt durch die Amerikaner aussichtslos war.

Kurz vor Kriegsende erfuhr ich nochmals gnädige Bewahrung. Vier von uns hatten sich auf der Stoßstange eines Tanklasters eine Mitfahrgelegenheit gesucht. Wir waren Richtung Baden-Baden unterwegs. In der Dunkelheit regnete es Leuchtspurmunition auf uns herunter und danach gerieten wir in Beschuss durch Jagdbomber. Doch auch dieses Mal erfuhr ich auf wunderbare Weise, wie Gott für mich einen Engel schickte, der auf mich aufpasste.

Am 11. Dezember 1994 fand meine goldene Konfirmation statt, wieder in der Stadtkirche in Baden-Baden. Ich sprach ein paar Worte zum Thema ›Bewahrung und Dankbarkeit‹. ›Seid getrost und unverzagt alle, die ihr des Herrn harret!‹ – mein Konfirmationsvers ist in meinem Leben Wirklichkeit geworden.«

So geschehen auf Deutschlands Straßen

Dort, wo die größten Gefahren lauern, ereignen sich auch die häufigsten Wunder. Jeder Autofahrer hat wahrscheinlich schon viel mehr Bewahrungen erlebt, als ihm bewusst ist. Statt nach einer gefährlichen Situation aufzuatmen und zu sagen: »Mal wieder Glück gehabt«, sollten wir in unserem Herzen sagen: »Gott sei Dank!«

Engel als Puffer

Über Jahre waren Barbara Bastian und ich Nachbarn. Später heiratete sie, und als sie das Erlebnis hatte, von dem ich hier berichten möchte, war sie gerade mit ihrem zweiten Kind schwanger. Sie war unterwegs, um einiges in Dahn zu erledigen. Sie hielt ein mäßiges Tempo und der Fahrer hinter ihr fuhr dicht auf, um sie möglichst bald zu überholen. Nach einer Rechtskurve sah Barbara, dass ihr auf der schmalen Straße ein großer Laster mit Anhänger entgegenkam. Zu ihrem Entsetzen hatte dahinter ein PKW zum Überholen angesetzt. Für einen kurzen Moment sah sie in den Rückspiegel und bemerkte, wie der Fahrer, der die Gefahr der Situation ebenfalls erkannt hatte, beide Hände vor Schreck nach oben hob.

In Bruchteilen von Sekunden erfasste sie, dass es kein Entrinnen gab. Auf der gegenüberliegenden Seite fiel die Straße stark ab, rechts von ihr befand sich ein steiler Hang. Es blieb kein Ausweg. Der Lastwagenfahrer hupte ununterbrochen. Trotz dieser ausweglosen Lage spürte Barbara eine tiefe Gelassenheit. »Wie in Trance«, erzählt sie, »fuhr ich einfach auf meiner Spur weiter. Erst als ich zur nächsten Kreuzung kam, wurde mir bewusst, was geschehen war: Das überholende Auto war unbeschadet zwischen uns hindurchgefahren! Eigentlich hätte es einen Frontalzusammenstoß geben müssen!

Ich konnte nicht weiterfahren, weil meine Knie zu stark zitterten. Auf dem Heimweg sah ich mir die Stelle noch einmal an. Nein, hier hätte kein drittes Auto dazwischenpassen dürfen. Ich versuchte mir das Auto, den schweren Lastwagen und meinen Mercedes nebeneinander vorzustellen, aber es war einfach unmöglich. Selbst wenn der Lastwagenfahrer und ich uns an den äußersten Rand der Straße gedrückt haben sollten, hätte höchstens ein Motorradfahrer dazwischen Platz haben dürfen!

Einige Tage später hatte ich einen eindrucksvollen Traum, in dem ich die gefährliche Situation noch einmal erlebte. Doch jetzt waren meine Augen für die unsichtbare Welt geöffnet. Links und rechts von mir sah ich eine ganze Kette von weißen Männern. Sie gaben meinem Wagen eine schmale Längsform. Von beiden Seiten war ich also von Engeln umgeben gewesen, die für Momente die Naturgesetze außer Kraft setzten, um mein Leben und das meines ungeborenen Kindes zu bewahren.

Jedes Mal, wenn ich an dieser Stelle vorbeifahre, danke ich Gott, dass er mir im richtigen Moment seine Engel geschickt hat.«

Vor dem Zusammenstoß bewahrt

Gita ist meine Nachbarin. Sie arbeitet in Bad Bergzabern. Um zu ihrer Arbeitsstelle im Krankenhaus zu kommen, fährt sie 30 Kilometer. Die Straßen im Pfälzer Wald sind oft eng, ebenso die Ortsdurchfahrten.

Einmal sah Gita bei einer Fahrt einen schweren Laster von rechts herankommen. Da sie Vorfahrt hatte, bremste sie nicht ab. Zu ihrem Entsetzen rollte der Lastwagen jedoch auf ihre Fahrbahn. Er hatte sie offensichtlich übersehen. Ihr blieb viel zu wenig Platz zum Bremsen. Sie hätte den Lastwagen gerammt. In ihrer Verzweiflung versuchte sie, auf der linken Spur der schmalen Straße schnell an ihm vorbeizukommen.

Ob der Lastwagenfahrer sie zuletzt doch noch wahrgenommen und stark abgebremst hatte? Selbst dann wäre er wohl kaum so schnell zum Stehen gekommen. Gita weiß nur eins: Dass es zu keinem Zusammenstoß kam, ist für sie bis heute ein großes Wunder.

Eine Ausweichstelle, die nie existierte

Gert und seine Familie sind Freunde von uns. Einmal waren sie unterwegs in den Urlaub und benutzten eine Strecke, die sie bis dahin nicht kannten und die über gebirgige Hochstraßen führte. Zwar war es schon dunkel, doch im Sommer bestand keine Gefahr durch Eis und Schnee. Außerdem waren sie nicht in Hektik, sondern in Urlaubsstimmung. So kamen sie ihrem Ziel rasch näher.

Doch kurz bevor sie es erreicht hatten, raste auf der schmalen Bergstraße ein Auto mit hoher Geschwindigkeit auf sie zu. Der Fahrer hatte nach einer leichten Kurve seinen Wagen offensichtlich nicht mehr richtig unter Kontrolle und kam ihnen auf ihrer Fahrbahn entgegen. Gert bremste ab und fuhr so weit wie möglich nach rechts. Bevor der Raser auf sie traf, konnte Gert sein Auto gerade noch auf einen Schotterstreifen lenken, der wohl als Ausweichstelle ausgebaut werden sollte. Dort kamen sie zum Stehen. Das entgegenkommende Auto raste dicht an ihnen vorbei. Mit zitternden Knien dankten sie Gott für seine wunderbare Bewahrung. Schließlich setzten sie ihren Weg fort. Der Schotter unter ihrem Auto knirschte, als sie wieder auf die Asphaltstraße fuhren.

Als sie ihr Ziel erreichten, standen sie immer noch unter Schock. Am nächsten Tag fuhren sie die Strecke noch einmal ab, um den Ort ihrer Bewahrung bei Tageslicht anzuschauen. Doch sie konnten auf dem gesamten Weg die Stelle nicht mehr finden. Es gab weder ein erweitertes Straßenstück noch eine Ausweichstelle. Ja es gab nicht einmal einen winzigen Seitenstreifen, der mit Schotter gefüllt gewesen wäre. Diesen Ort, an dem sie nachts gehalten hatten, gab es in Wirklichkeit gar nicht!

Wenn sie bei dem Vorfall nicht zu dritt gewesen wären, hätten sie jetzt an sich selbst gezweifelt. So aber konnten sie staunend und dankbar sagen: »Gott hat seine Engel geschickt, die für diesen Zwischenfall für kurze Zeit einen Seitenstreifen aus Schotter eingerichtet haben, um unser Leben zu bewahren.«

Von unsichtbarer Hand gestoppt

Renate und ihr Mann Joachim leben in Bremen. Joachim ist Pfarrer. Renate hat mir erzählt, wie sie einmal das Eingreifen von Gottes Engeln erlebten: »Joachim und ich waren einige Tage unterwegs, um ein bisschen Ruhe und Erholung zu tanken. Tatsächlich konnten wir uns gut entspannen, das Essen war wunderbar und wir fühlten uns geistlich erfrischt. Voll Dankbarkeit gaben wir Gott ein Opfer, weil uns diese Tage so gut getan hatten. Eigentlich ging die Summe, die wir spendeten, ein bisschen über unsere Verhältnisse. Doch wir spürten beide, dass es so sein sollte. Und wir hatten schon oft erlebt, dass Gott sich nichts schenken lässt.

Nun befanden wir uns auf dem Heimweg. Auf der B 71 von Munster nach Soltau hielten wir an einem der vielen Straßenläden, um uns mit Kartoffeln und frischem Gemüse einzudecken. Wir waren gerade in die Scheune gegangen und hatten angefangen, unsere Bestellung aufzugeben, als draußen entsetzt ein Mann rief: ›Was treibt denn der? Der fährt ja quer über die Bundesstraße!‹ Und nach einer kurzen Pause: ›Oh, da sitzt ja gar niemand im Auto!‹

Mein Mann und ich schauten uns an. Wir hatten beide denselben Gedanken: Das könnte unser Wagen sein! Die anderen Leute im Scheunenladen stürzten mit uns zusammen ins Freie. Ja, wirklich, da rollte unser kleiner Fiat Punto über die Fahrbahn hinaus ins Gelände auf einen Baum zu.

So schnell wir konnten, liefen wir hinterher. Wir fragten uns, ob der Schaden sehr schlimm sein würde. Wir dachten an das gespendete Geld und dann an die Reparaturen, die wir nicht ohne weiteres würden bezahlen können. Mit Herzklopfen kamen wir am Baum an und stellten fest, ob wir überhaupt weiterfahren könnten oder der Wagen direkt zur Reparatur müsste.

Doch uns blieb fast der Mund offen stehen. Das Auto war direkt vor dem Baum zum Halten gekommen. Zwischen Baum und Stoßstange waren etwa fünf Zentimeter Abstand. Keinen Schaden, nicht einmal einen Kratzer hatte unser kleiner Wagen abbekommen.

Das war das eine Wunder. Gott hatte wohl einen oder mehrere Engel als kurzfristige Gummistoßstange eingesetzt, um uns vor finanziellen Belastungen zu bewahren.

Aber darüber hinaus war noch ein viel größeres Wunder geschehen. In dem Moment, als der kleine Punto über die B 71 rollte, war keinerlei Verkehr auf der sonst stark befahrenenStraße gewesen. Verletzte und Tote hätte es geben können! Doch niemand war zu Schaden gekommen. Auch hier hatte

Gott bestimmt Engel gesandt, die in einem wunderbaren Timing die Autos zurückgehalten hatten. Gleich danach herrschte auf der Straße wieder dichter Verkehr.

Mit unserem Einkauf machten wir uns schließlich auf den Heimweg und legten noch eine Kaffeepause in Soltau ein. Erst zu Hause überfiel uns das große Zittern. Das ganze Ausmaß des Erlebten wurde uns bewusst. Und wir konnten nur eines: Gott von Herzen danken, der uns und anderen zum Heil an diesem Tag viele Engel auf die Bundesstraße in der Heide geschickt hatte.«

Wer lenkte mein Auto?

Annett, die schon beim Klettern so bewahrt wurde, berichtet von einem Erlebnis, das sie auf der Autobahn hatte: »Sommer 2001, es war sehr heiß. Wir waren unterwegs auf der Autobahn in Richtung Warnemünde. Jonas, unser eineinhalbjähriger Sohn, und unser Pflegekind Vivan, das fünf Monate alt war, schliefen ruhig. Als Mutter freute ich mich auf Urlaub und ein bisschen Erholung.

Ich war in Gedanken versunken, während ich fuhr: Vor ein paar Wochen hatten wir unser zweites Kind im vierten Schwangerschaftsmonat verloren. Immer noch lastete diese Erfahrung schwer auf uns allen. Hoffentlich würden wir in den nächsten Tagen wieder auf andere Gedanken kommen und ein wenig fröhlich miteinander sein können.

Die Autobahn war nur wenig befahren. Wir befanden uns auf der äußersten Überholspur. Völlig unvorbereitet spürte ich eine starke Windbö, die unser Auto nach rechts drückte. Ich hatte das Lenkrad nicht fest genug in den Händen, um gegenzusteuern. So fanden wir uns plötzlich zwischen der zweiten und dritten Spur wieder. In diesem Moment sah ich ein schwarzes Auto an uns vorbeirasen. Ich war entsetzt. Ich hatte den Fahrer gar nicht kommen sehen. Mir schien, dass er mehr als 200 km/h fuhr. Es gelang mir nicht einmal, sein Nummernschild zu entziffern, so schnell ging alles vorbei.

Wer hatte mein Auto rechtzeitig Richtung Mitte gelenkt? Es war sicher keine Reaktion von mir gewesen, denn ich hatte das heranrasende Auto ja erst bemerkt, als es vorbeigezogen war.

Mir zitterten die Knie. Doch ich spürte eine tiefe Geborgenheit. Ich bin sicher, dass Gott uns einen Engel geschickt hat, der unser Auto rechtzeitig zur Mitte geschoben hat.

Ob es ein Engel war, der die ganze Zeit schon mit uns im Auto war? Oder stieg er erst kurz vor dem Gefahrenmoment ein? Ich weiß es nicht. Aber ich bin Gott sehr dankbar, dass er weiß, wann und wo wir einen Engel brauchen.«

Ein Engel riss das Steuer zur Seite

Beate hatte einen Beratungstermin bei mir ausgemacht. Sie suchte das Gespräch, weil sie eine eigenartige Erfahrung hinter sich hatte. Um ihre Privatsphäre zu wahren, habe ich in ihrer Geschichte Namen und Orte geändert:

Im Lauf von Beates Ehe wurde ihr Alltag immer stärker von Gewalt geprägt. Wenn ihr Mann Klaus zornig war, schlug er so schlimm auf die beiden Kinder ein, dass sie bluteten. Beate stand oft hilflos daneben. Ihr fügte Klaus zwar keine körperlichen Schmerzen zu, aber er beschimpfte sie jeden Tag auf erniedrigende Weise.

Beate wollte nicht, dass ihre Eltern sich um sie sorgten, deshalb verheimlichte sie ihre Not vor ihnen. Sie nahm eine Beratung in Anspruch, aber die Situation veränderte sich nicht. Sie war darüber so verzweifelt, dass sie nicht mehr leben wollte. Sie sah keinen anderen Ausweg. Tag für Tag kämpfte sie gegen die Suizidgedanken an, doch schließlich hatte sie keine Kraft mehr, sich dagegen zu wehren. Sie telefonierte mit einer Freundin und bat sie, die Kinder am Nachmittag zu betreuen, da sie einen wichtigen Termin wahrzunehmen hätte. Dass sie sich umbringen wollte, verschwieg sie natürlich. Liebevoll verabschiedete sie sich von den Kindern und der Freundin. Sie konnte kaum ihre Tränen zurückhalten. Dann ging sie.

Lange schon hatte sie sich an der B 10 einen passenden Baum für ihren Selbstmord ausgesucht. Der Gedanke hatte sie die ganze Zeit aufrecht gehalten: Dieser Baum war der letzte Ausweg, wenn sie einmal das Leben nicht mehr ertragen würde.

Weinend, aber irgendwie auch erleichtert setzte sie sich ins Auto. Endlich würde dieses Leben zu Ende sein. Was Gott über das Ganze dachte, versuchte sie zu verdrängen, auch den Gedanken daran, was aus ihren geliebten Kindern werden würde. Irgendeine Lösung würde es geben. Und so fuhr sie los. Sie erreichte die Strecke, an der »ihr Baum« stand. Sie beschleunigte, so stark es möglich war. Auf keinen Fall wollte sie als Krüppel aus dieser Sache herauskommen. Nein, wenn schon, dann wollte sie es richtig machen und wirklich tot sein.

Heute erscheint ihr die ganze Geschichte wie ein Traum. Sie hatte eine Geschwindigkeit von über 120 km/h erreicht. Mühelos überwand ihr Wagen den Seitenstreifen, der Baum war unmittelbar vor ihr. Plötzlich griff ihr jemand ins Lenkrad. Es geschah mit solcher Gewalt, dass ihre Hände und Arme, die sie um das Lenkrad gekrallt hatte, wehtaten. Das Auto raste an dem Baum vorbei und kam irgendwann unbeschadet zum Stehen. Fassungslos wurde ihr bewusst: Gott hatte einen Engel geschickt, um sie vor diesem falschen Weg zu bewahren. Er wollte, dass sie lebte. Irgendwie dämmerte es ihr, dass Gott einen anderen Weg für sie hatte.

Deshalb kam Beate zu mir in die Beratung. Sie war immer noch erschüttert von ihrem Gottes- und Engel-Erlebnis, wie sie es nannte.

Vieles ist inzwischen entzerrt. Klaus und Beate leben in Trennung. Die Kinder sind vor dem Vater geschützt. Der Vater ist in Therapie. Ebenso lernt Beate, wie sie in Zukunft mit Konfliktsituationen umgehen kann. Gott hat einen Weg!

Wenn Gott Menschen als Boten schickt

Von Gott geschickt, um Frieden zu stiften

Ein Frauenfrühstück lag hinter mir. Die Atmosphäre war gut gewesen und ich hatte den Eindruck, dass ich die Botschaft von Jesus, die mir so sehr am Herzen liegt, gut hatte weitergeben können. Ich fühlte mich erleichtert und froh. Nun befanden wir uns auf der Fahrt nach Hause. Auf dem Rücksitz saßen meine beiden jüngsten Kinder, die nicht mehr allzu viel Geduld hatten und sich gegenseitig plagten. Meine Freundin Elisabeth saß neben mir und versuchte die beiden vom Streiten abzubringen, indem sie Autokennzeichen-Raten mit ihnen machte.

Da sagte Gott zu mir: »Fahr die nächste Ausfahrt ab und besuche die Familie G. in K.«

»Herr«, antwortete ich in meinem Innern. »Die Kinder haben kaum noch Nerven, zu Hause wartet ein Riesenberg Arbeit auf uns und außerdem bin ich müde. Ich habe die Adresse dieser Leute nicht dabei und kenne nur den Ort. Außerdem weiß ich nicht, ob ich ihnen gelegen komme.«

Doch die Stimme in mir blieb standhaft: »Fahr hin und zögere nicht.«

82

Ich erklärte Elisabeth und den Kindern, dass wir noch Bekannte besuchen würden. Niemand war erfreut, aber Elisabeth sagte: »Wenn du meinst, du musst es tun, tu's.«

Als wir den Ort erreichten, konnten wir die Familie trotz Nachfragen nicht finden. Ich ging in eine Telefonzelle und versuchte sie anzurufen, doch niemand antwortete. Waren sie überhaupt zu Hause? Wenigstens wusste ich nun die Straße. Nach weiterem Suchen standen wir endlich vor dem Haus.

»Bleib mit den Kindern im Auto«, bat ich Elisabeth, »ich schau erst mal, ob sie da sind. Außerdem halte ich mich nicht lange auf.«

Erst nach mehrmaligem Klingeln öffnete sich die Tür. Zunächst herrschte kurzes betretenes Schweigen, dann freute sich Frau G. sehr über meinen Besuch. Sie bat mich herein. Die Stimmung in der Wohnung war bedrückend. Die Kinder saßen schweigend da, der Mann begrüßte mich fast wortlos und ging hinaus. Da brach es aus der Frau heraus: Sie steckten in einer Auseinandersetzung, die nach wochenlangem schrecklichem Streit gerade ihren Höhepunkt erreicht hatte. Verletzungen standen im Raum, die ihrer Beziehung den Todesstoß gegeben hatten. Dies schien nun das Ende ihrer einst hoffnungsvoll begonnenen Ehe und Familie zu sein.

Aber es war nicht das Ende! Ich konnte mit den beiden sprechen. Sie öffneten sich. Wir fanden gangbare Wege für beide. Sie sprachen sich gegenseitig Vergebung zu. Jesus Christus kam spürbar in unsere Mitte. Ich konnte richtig fühlen, wie sich der Friede in der Wohnung ausbreitete. Wir weinten schließlich alle zusammen, sogar die Kinder, aus Erleichterung und Freude.

Ich nahm Abschied. Aber Jesus Christus blieb. Und wo er ist, da bleibt auch sein »Friede sei mit euch«.

Als ich wieder zum Auto kam, hatte Elisabeth alle Hände voll zu tun gehabt, um die Kinder bei Laune zu halten. Ich berichtete ihr, was ich gerade erlebt hatte. Da konnten wir nicht anders als unserem Herrn auf dem Heimweg Loblieder singen. Er hatte mich als Friedensstifterin gebraucht. Wie gut war es, dass ich auf Jesus gehört hatte, statt meiner Müdigkeit nachzugeben! Ihm lagen diese Menschen so sehr am Herzen, dass er mich von der Autobahn heruntergeschickt hatte. Ich sollte seine Botin sein, um in der Ausweglosigkeit den Blick auf Jesus zu lenken.

Sind es vielleicht Gottes Engel, die seine Botschaften an den Mann/die Frau bringen? Sicher ist es Gottes Geist, der uns mahnt. Aber es sind möglicherweise Engel, die uns ins Ohr flüstern und zum Handeln bewegen. Und schließlich ist es an uns, ein offenes Ohr zu haben, um die Botschaft empfangen zu können – und dann im Gehorsam umzusetzen.

Mutmacherin in einer schweren Entscheidung

Meine Freundin Ingrid berichtet: »Eines Morgens hatte ich den Eindruck, ich müsste unbedingt Frau D. besuchen, und ich machte mich auf den Weg. Sehr niedergeschlagen öffnete sie mir die Tür. Ich brauchte nicht viel zu fragen, Frau D. begann von alleine zu reden. Gerade hatte sie erfahren, dass sie schwanger war. Die quälende Frage der Abtreibung stand vor ihr.

›Ich bin nicht mehr die Jüngste‹, war eines der Argumente für den Eingriff. ›Außerdem sind unsere Kinder schon älter. Was werden sie dazu sagen? Und dann noch mal von vorn anfangen mit Windelwechseln, nächtlichem Kindergeschrei ... Werde ich die Kraft dazu haben?‹

›Und wie denkt Ihr Mann darüber?‹, fragte ich.

›Nun, er überlässt mir die Entscheidung. Er meint, in erster Linie habe ich mich ja dann mit dem Kind herumzuschlagen.‹

Ich besuchte Frau D. mehrmals, um ihr immer wieder Mut zu machen, zu ihrem Kind Ja zu sagen. Außerdem bot ich ihr an, sie nach der Geburt zu begleiten, wenn sie Hilfe brauchte.

Drei Monate sind inzwischen vergangen. Dieser Tage kam es zu einer weiteren Begegnung mit Frau D. Sie dankte mir von Herzen für meine Ermutigung, die sie dazu gebracht hatte, das Kind anzunehmen. ›Wissen Sie, ich kann mich jetzt richtig darauf freuen.‹

Diese Entscheidung hat eine Frau vor lebenslanger belastender Schuld bewahrt. Ich danke Gott, dass ich gegangen bin, als er es mir zeigte.«

»Schick mir einen Menschen, denn ich bin am Ende!«

Elfriede Schlauß lernte ich bei einem Frauennachmittag in der Nähe der Edertalsperre kennen. Hier ist ihre Geschichte: »Gott hat uns zwei wunderbare Kinder geschenkt, zwei Jungen. Einer von ihnen, Reinhard, half in unserem landwirtschaftlichen Betrieb mit. Es war furchtbar für uns alle, als Reinhard mit 26 Jahren tödlich verunglückte. Bei Glatteis kam er ins Schleudern und fuhr gegen einen Baum. Er war sofort tot.

›Warum, oh Gott, hast du das zugelassen? Du hättest ihn doch bewahren können!‹, so ging es mir oft in dunklen Tagen und Nächten durch den Kopf. Manchmal betete ich: ›Herr, halte mich fest oder schick mir einen Menschen, der mir bei der

Trauerarbeit hilft und mich tröstet.‹ Oft klingelte es, noch während ich betete, an der Tür, und jemand kam, um mit mir zu trauern, zu weinen, mit mir zu beten und mich zu trösten.

Ein Jahr nach Reinhards Tod wurde mein Mann schwer krank. Er bekam Lähmungserscheinungen in beiden Beinen und konnte sich nur noch im Rollstuhl fortbewegen. Lange Zeit musste er ins Krankenhaus. Nun war ich für alle Arbeit in der Landwirtschaft allein zuständig.

Durch ständigen Schlafmangel und dauernde Überforderung war ich so am Ende, dass ich begann, an Gott zu zweifeln. Außerdem fühlte ich mich auch von den Menschen verlassen. Gab es Gott überhaupt? War mein Glaube nicht nur einfach Einbildung? Ich zwang mich gegen meine Gefühle, die Losung für diesen Tag zu lesen. Da stand: ›Ich will den Herrn loben allezeit, sein Lob soll immerdar in meinem Munde sein. Meine Seele soll sich rühmen des Herrn, dass es die Elenden hören und sich freuen‹ (Ps. 34,2–3).

In meinem Herzen sagte ich mir: ›Das gilt nicht für mich. Ich kann mich nicht mehr freuen.‹ Eine innere Stimme flüsterte mir ein: ›Stell lieber den Fernseher an und denk nicht mehr nach.‹ Doch ich zwang mich, ins Schlafzimmer zu gehen und dort mit Gott zu reden. Klagend sagte ich: ›Gott, wenn es dich wirklich gibt, und Jesus, wenn du wirklich lebst, dann schick mir einen Menschen, denn ich bin am Ende.‹

Während ich betete, fuhr ein Auto auf den Hof. Der Praktikant unseres Predigers stieg aus. Vor lauter Schreck fiel mir nicht einmal sein Name ein. Er sagte zu mir: ›Elfriede, Gott schickt mich zu dir. Als ich heute morgen die Bibel las, sagte Gott ganz klar zu mir: Geh zu Elfriede, die braucht dich.‹

Ich erzählte ihm, wie es mir ging. Wir lasen zusammen Gottes Wort und beteten miteinander. Ich spürte, wie die Dunkelheit von mir wich, und konnte wieder sehen, dass Gott da war und mir durchhelfen würde. Ja, Gott hört Gebet und schickt uns seine Boten – Menschen als Engel.«

Vorschau auf künftige Dinge

Kinder sind ein Geschenk von Gott

»Und der Herr erschien Abraham im Hain Mamre, während er an der Tür seines Zeltes saß, als der Tag am heißesten war.« (1. Mose 18,1).

Einige Zeit vorher lässt Gott Abraham wissen, dass er ihn mit einem Sohn segnen will. Abraham wirft sich vor Gott zu Boden und lacht: »Soll mir mit hundert Jahren ein Kind geboren werden, und soll Sara, neunzig Jahre alt, gebären?« Abraham kann es kaum fassen.

Und nun kommen drei Männer zu Abrahams Zelt. Er begrüßt sie und spricht sie mit »Herr« an, obwohl es mehrere sind. Nach der Bewirtung überbringt einer von ihnen die eigentliche Botschaft: »Ich will wieder zu dir kommen übers Jahr; siehe, dann soll Sara, deine Frau, einen Sohn haben!« (1. Mose 18,10)

Gott besucht Abraham, um ihm durch Engel eine Botschaft zu überbringen.

Manchmal zeigt Gott Dinge im Voraus, um Menschen wissen zu lassen, dass er größer ist als alle Hindernisse. Gelegentlich will er einfach auf das Kommende vorbereiten und uns sagen, dass sein Plan über unserem Leben geschehen wird, auch wenn dies nicht unser Plan ist. Manchmal gebraucht er dazu Engel, ein anderes Mal Menschen als seine Boten.

Gebet um Kinder

Ich hatte in der Stadtmission einen Vortrag gehalten. Danach kam eine Frau auf mich zu. »Wenn Sie schon so viele wunderbare Dinge erlebt haben, könnten Sie dann nicht für mich um Kinder beten? Unsere Ehe ist kinderlos, und wir leiden sehr darunter.«

Ich betete mit ihr und bat Gott, er möge ihr und ihrem Mann Kinder schenken.

Gott antwortete auf großartige und großzügige Weise. Die Frau wurde schwanger und bekam nach diesem Kind noch drei weitere. Als ich sie bat, diese Segnung Gottes aufzuschreiben, fühlte sie sich leider zu erschöpft ...

Ungeplant und doch von Gott gewollt

Eine Bekannte kam immer wieder zu unseren Gottesdiensten. Einmal wollte ich gerade den Gottesdienstraum betreten, als sie herauskam, um noch etwas zu holen. Dabei hatte ich den starken

Eindruck, sie habe einen kleinen Jungen auf dem Arm. »Eigenartig«, dachte ich und erzählte ihr, was ich empfunden hatte. Sie lachte. »Nein«, meinte sie, »das Thema ist bei uns abgeschlossen. Unsere Große ist ja schon vierzehn!«

Ein Jahr später schenkte Gott ihr und ihrem Mann jedoch einen ungeplanten Sohn, an dem sie heute viel Freude haben. Ich durfte Botin sein, um sie mit dem bevorstehenden Ereignis vertraut zu machen. Dadurch waren sie sich auch sicher, dass dies ein Kind war, das Gott ihnen zugedacht hatte, obwohl ihre eigenen Pläne ganz anders ausgesehen hatten.

Kinder und Engel

Kinder als Boten Gottes

Als unser jüngstes Kind, Junias, unterwegs war, schrieben wir auf die Geburtsanzeige: »Wir haben einen neuen Engel unter uns.« Auf der Vorderseite der Karte hatte ich Engelflügel gemalt, in deren Schutz ein Baby lag. Mit dem neuen Engel war nicht das Kind gemeint, sondern der Engel, den Gott uns gleichzeitig mit diesem Kind zuschickte. Denn aus Matthäus 18,10 wissen wir, dass die Engel der Kinder einen direkten Zugang zum Thron Gottes haben. So können sie die Anliegen der Kinder jederzeit vor Gott bringen.

Vielleicht sagt Jesus deshalb auch: »Wer ein solches Kind aufnimmt in meinem Namen, der nimmt mich auf« (Mt 18,5). Jedes Kind ist also letztlich ein Bote Gottes. Und wenn wir ein Kind antasten, sei es im Mutterleib oder nach der Geburt, vertreiben wir auch einen Boten Gottes.

Wie sieht ein Engel aus?

Wenn Erwachsene von Engeln berichten, sagen sie in der Regel: »Ich spürte ihre Gegenwart.« Und wenn jemand wunderbar bewahrt wurde oder in einer hoffnungslosen Lage einen Ausweg fand, sagt er hinterher: »Da müssen Engel am Werk gewesen sein.«

Bei kleinen Kindern ist das anders. Sie sehen Engel und erkennen sie. Bei all meinen Kindern habe ich, als sie noch klein waren, erlebt, wie sie intensiv in eine Richtung sahen, als blickten sie jemanden liebevoll an, den sie kannten, und wie sie ganz glücklich lächelten. Manchmal kam es mir vor, als würde ich im Leuchten ihrer Augen einen Engel erkennen.

Auch Annett erzählte mir das von ihrem Sohn Jonas: »Jonas war etwa zwei Jahre alt, als er immer wieder von einem Engel sprach, den er sah. Aufgeregt rief er eines Tages: ›Mama, da vorne ist ein Engel.‹ Ich antwortete: ›Aha‹, ohne ihn wirklich ernst zu nehmen. Doch danach erwähnte er den Engel immer wieder. Zu Hause, auf dem Spielplatz, im Kaufhaus, auf der Straße, immer wieder sagte er voll Überzeugung und mit einem glücklichen Blick: ›Mama, da ist ein Engel.‹ Ob er wirklich Engel sah oder ob er Menschen meinte, die schön aussahen? Ich wusste es lange nicht.

Einige Zeit später fuhr ein Mann mit seinem Fahrrad an unserem Hof vorbei. Auf seinem Rücksitz hatte er ein Kind in Jonas' Alter. Ganz aufgeregt begann der Kleine plötzlich zu rufen: ›Papa, sieh mal, da vorne ist mein Engel! Schau nur, da ist er!‹ In der Richtung, in die das Kind zeigte, war keine Menschenseele zu sehen. Nun war mir klar, dass Kinder Engel wirklich sehen können.«

Wie sieht ein Engel aus? Fragen Sie die Kinder! Die kennen sich da besser aus und erkennen sie auch.

Unter dem Rübenkarren

Norle führt mit ihrem Mann Klaus zusammen ein Haushaltswarengeschäft in Bad Bergzabern. Noch heute erinnert sie sich an eine Geschichte, die sich ereignete, als sie sieben Jahre alt war: »Ich ging damals in die erste Klasse. Meine Eltern hatten einen Bauernhof. Wir pflanzten auch Zuckerrüben an. Es war Erntezeit. Nach der Schule sollte ich gleich zu meiner Mutter auf den Acker kommen und dort mit anpacken. Ich half, so gut ich konnte, beim Beladen des großen Leiterwagens. Zwei Kühe waren vorgespannt. Der Wagen war voll mit Rüben und nun ging's auf den Heimweg. Meine Mutter führte die Kühe und saß dabei vorn auf der Kante eines Bretts. Ich durfte neben ihr mitfahren. Es war nass und die Wege waren aufgeweicht und hatten große Löcher.

Die Kühe setzten nun den zentnerschweren Wagen in Bewegung. Wir wurden kräftig durchgeschüttelt. Als der Wagen mit einem Rad in ein großes Loch fuhr, löste sich das vordere Brett, auf dessen Kante wir saßen, und rutschte zu Boden. Meine Mutter und ich fielen zwischen Fuhrwerk und Wagen, und viele Rüben kamen hinterher. Ich landete so ungeschickt, dass mir das vordere Rad des Wagens, ein Holzrad mit Eisenbereifung, quer über mein Becken rollte. Meine Mutter sah es und riss mich zur Mitte hin. Sonst wäre auch noch das Hinterrad über mich gerollt.

Meine Mutter ließ nun Kühe und Wagen einfach stehen und trug mich fast einen halben Kilometer zum Dorf zurück. Im Krankenhaus wurde ich geröntgt. Mein Becken war durch das Rad auseinander gedrückt worden und ich musste nach Heidelberg verlegt werden. Dort kam ich in ein Spezialbett, in dem das Becken über sechs Wochen lang zusammengepresst wurde. Als ich entlassen wurde, lernte ich wieder gehen. Es stellte sich heraus, dass ich keinen ernstlichen Schaden davongetragen hatte, ein Wunder, wie die Ärzte bestätigten. Das lange Liegen hatte nur einen Abbau der Muskeln bewirkt, die sich aber bald regenerierten. Allerdings sagten mir die Ärzte, dass ich mit Sicherheit nie würde Kinder bekommen können.

Dass ich heute zwei erwachsene Kinder habe und dass der Unfall von damals mir nie mehr Probleme gemacht hat, verdanke ich meinem Vater im Himmel. Wie viele Engel mag er wohl damals beschäftigt haben, als ich unter den Wagen fiel? Und wie viele, um das Becken wieder ordnungsgemäß zusammenheilen zu lassen? Wahrscheinlich war es auch ein Engel, der meiner Mutter die Kraft gab, nach einem schweren Arbeitstag noch ein siebenjähriges Mädchen einen halben Kilometer zu tragen.

Ich danke Gott, dass er seinen Kindern mitten in der Not hilft.«

Ein Engel als Verkehrspolizist

Enrico ist schon lange erwachsen. Aber an eine Begebenheit aus seiner Kindheit kann er sich noch deutlich erinnern: »Ich muss etwa drei oder vier Jahre alt gewesen sein. Ein Ehepaar aus unserer Gemeinde hatte mich zur Kinderstunde mitgenommen. Meine Mutter wollte mich dann von dort abholen.

Nach der Kinderstunde stand ich vor der Tür und sah meine Mutter auf der gegenüberliegenden Straßenseite. Ich war so froh, dass sie da war. Sie machte eine Handbewegung und ich meinte, sie würde mich auffordern, zu ihr zu kommen. Ich stürmte los. In Wirklichkeit wollte sie mich daran hindern, über die Straße zu laufen, denn dort war viel Verkehr. Ich schaute jedoch weder nach rechts noch nach links, sondern sah nur meine Mutter. Ich lief zum Entsetzen aller buchstäblich in die Autos hinein. Niemand konnte mich mehr zurückhalten. Es war zu spät.

Ich erinnere mich noch gut daran, wie ich begann, die Straße zu überqueren. Die Autos kamen von beiden Seiten. Aber plötzlich stellte sich ein Mann vor die Autos und hielt sie zurück. Er schien vom Gehweg gekommen zu sein. Als ich unbeschadet auf der anderen Seite angelangt war, war meine Mutter außer Atem. Ich berichtete ihr, wie ein Mann die Autos angehalten habe, sodass ich zu ihr hatte kommen können. Doch sie hatte niemanden gesehen, der die Autos gestoppt hatte; nur ihr Kind war zwischen den fahrenden Autos gewesen.

Ich kann mich nur an wenige Dinge aus meiner Kindheit erinnern. Doch diese Begebenheit sehe ich noch bildlich vor mir. Ich bin sicher, dass dieser Mann ein Engel gewesen ist.«

Schutzengel in Aktion

Als Kind wohnte ich mit meinen Eltern in Ludwigshafen am Rhein. Wir lebten in einer Seitenstraße, der Hochfeldstraße, die auf die belebte Maudacher Straße führte. Ich erinnere mich, dass ich als Kind oft Angst hatte, diese Straße zu überqueren, um auf der anderen Straßenseite in der Bäckerei Müller einzukaufen.

Eine Bekannte von uns wartete dort auf das Kind ihrer Freundin, das den Nachmittag bei ihr verbringen sollte. Als das etwa sechsjährige Mädchen nun die Frau auf der anderen Straßenseite erkannte, rannte es, ohne auf die Autos zu achten, einfach los. Die Bekannte, die das Mädchen in Empfang nehmen wollte, musste hilflos zusehen, wie das Kind mitten in ein Auto hineinlief. Sie konnte es nicht verhindern. Reifen quietschten. Doch das Kind kam unbeschadet auf der anderen Straßenseite an. Die Bekannte war wie unter Schock. Sie schloss die Kleine in die Arme und sagte bewegt: »Kind, eben musst du aber einen Engel gehabt haben!« Das Mädchen schüttelte den Kopf und antwortete voller Überzeugung: »Nein, nein, es war nicht nur einer, es waren zwei.«

Im Tretauto an den Straßenrand gelenkt

Veronika nahm mit mir Kontakt auf, als sie schwanger war. Sie erzählte: »Nach sechs Kindern bin ich nun wieder schwanger. Die Verwandten sind entsetzt, die Nachbarn schauen diskret zur Seite, weil mein Bauch mal wieder wächst. Und wir als Ehepaar fühlen uns mit dieser Schwangerschaft auch überfordert, finanziell, körperlich und nervlich. Dieses Kind ist noch gar nicht da und es sind genug andere Sorgen vorhanden.«

Veronika war auf der Suche nach Menschen, die sie ermutigten. Das war nicht leicht, doch immer wieder stieß sie auf Leute, die ihr halfen. Auch ich durfte eine Botin für sie sein.

Dann wurde der kleine Thaddäus geboren. Im Laufe der Zeit stellte man verschiedene Beeinträchtigungen bei ihm fest. Spezielle aufwändige Übungen wurden durchgeführt, eine große Wirbelsäulenoperation und viele Ängste mussten durchgestanden werden. Immer wieder war dieses Menschenkind in Gefahr.

Aber Gott hat für diesen kleinen Mann offensichtlich einen Engel – oder auch mehrere – abgestellt. Wo besondere Bedrohungen sind, geschehen oft auch besondere Bewahrungen.

Einmal besuchte Veronikas Mann Johannes mit den drei jüngsten Kindern die Nachbarn, die etwa 100 Meter weiter oben an der Straße wohnten. Auf dem Heimweg durfte Thaddäus mit dem Tretauto fahren, das er eigentlich schon ganz gut lenken konnte. Auf der abschüssigen Straße bekam das kleine Auto aber zu starken Schwung. Als Johannes das merkte, rannte er hinterher und versuchte das Auto mit dem Kleinen zu packen. Doch es war zu schnell, er konnte es nicht erreichen. Dann kam eine Kurve. Es war nicht auszudenken, was passieren würde, wenn jetzt ein Auto käme! Das Tempo war gefährlich genug, mit dem der Kleine die Straße hinuntersauste.

Noch während Johannes fassungslos zuschaute, sah er, wie neben Thaddäus eine helle Gestalt auftauchte. Das Tretauto verlor auf unerklärliche Weise plötzlich an Geschwindigkeit. Es fuhr von der Straße weg auf eine Wiese, wurde immer langsamer und blieb schließlich einfach stehen.

Wieder einmal hatte ein Engel das Leben des kleinen Thaddäus bewahrt. Dank sei Gott!

An Kranken- und Sterbebetten

Sieben Engel zum Überleben

Claude und Ekkehard Thomas, ein Ehepaar aus dem Elsass, berichten hier von einem wunderbaren Eingreifen Gottes.

Claude erzählt: »Mitte Januar 1997 begann alles recht harmlos: Ekkehard bekam Bauchschmerzen und erbrach sich immer wieder. Wir dachten an eine Magenverstimmung. Als es nicht besser wurde, ging er zum Arzt. Dieser bestätigte unsere Vermutung und verschrieb leichte Medikamente. Doch bis zum Abend steigerten sich die Schmerzen. Die erneute Untersuchung beim Arzt ließ nun auf ein ernstes Krankheitsbild schließen. Mit Verdacht auf Darmverschluss wurde Ekkehard sofort ins Krankenhaus eingewiesen. Blutuntersuchungen, Röntgen, Ultraschall, Gastroskopie folgten, doch man fand keine Ursache für die inzwischen heftigen Schmerzen. Die Ärzte entschlossen sich zur Operation, um sich Klarheit zu verschaffen. Doch auch danach blieb man ratlos.

Der Zustand meines Mannes verschlimmerte sich. Inzwischen war das Fieber auf 41 Grad gestiegen. Sein Zustand verschlechterte sich weiter, sodass man beschloss, Ekkehard in ein künstliches

Koma zu versetzen. Daraufhin bekam er ein Nierenversagen. Von einer Verlegung in eine besser ausgerüstete Klinik wollten die Ärzte zunächst nichts wissen. Erst eine Woche später, als man meinen Mann schon aufgegeben hatte, entschloss man sich schließlich, ihn nach Kaiserslautern zu verlegen. Doch auch dort ging es weiter bergab.

Ekkehard erlitt eine Hirnblutung, was im CT festgestellt wurde, dazu kamen eine Entzündung der Bauchspeicheldrüse und eine doppelseitige Lungenentzündung. Später folgten eine Herzklappenentzündung und eine diffuse Entzündung im Unterbauch.

In dieser Zeit las ich viel in den Psalmen. Es fiel mir auf, wie die Verfasser Gott ihre Not klagten, aber am Ende trotzdem vertrauensvoll sagen konnten: ›Du, Herr, wirst verherrlicht.‹ Besonders bewegten mich einige Verse aus Psalm 102: ›Denn er schaut von seiner heiligen Höhe, der Herr sieht vom Himmel auf die Erde, dass er das Seufzen der Gefangenen höre und losmache die Kinder des Todes, dass sie in Zion den Namen des Herrn und sein Lob in Jerusalem verkünden‹ (Ps 102,20–22).

In dieser schlimmen Zeit habe ich gelernt, dass Gott nicht sofort alle Schwierigkeiten wegnimmt, aber dass er tragen hilft. Psalm 121 wurde mir besonders wichtig.

Als ich Ekkehards Gepäck für die neue Klinik

zusammensuchte, wurde ich auf einen Papierschmetterling neben seinem Bett aufmerksam. Darauf stand Psalm 121,7 (Hoffnung für alle): ›Der Herr schützt dich vor allem Unheil, er bewahrt dein Leben.‹ Das wollte ich Ekkehard immer wieder sagen. Vielleicht hörte er es im Unterbewusstsein. Und falls er Todesangst haben sollte, konnte ihn dies trösten. Er sollte wissen, dass er vollkommen in Gottes Hand war.

Auch Psalm 91 wurde mir wichtig, vor allem die Verse 11 und 12 (Hoffnung für alle): ›Denn Gott hat seine Engel ausgesandt, damit sie dich schützen, wohin du auch gehst. Sie werden dich auf Händen tragen und du wirst dich nicht einmal an einem Stein verletzen!‹ Wenn ich neben Ekkehard saß, während er im Koma lag, las ich ihm täglich diesen Psalm vor.«

Ekkehard erzählt weiter: »Nach etwas mehr als drei Wochen ließ man mich aus dem künstlichen Koma wieder erwachen. Das Krankheitsbild war immer noch bedrohlich, die Leber drohte zu versagen.

Ich konnte mich nur schlecht mitteilen, da mein Sprechen durch den Luftröhrenschnitt behindert war. Nach und nach berichtete ich meiner Frau von meinen Erlebnissen. Was im Koma mit mir geschehen war, hatte ich so real erlebt, dass ich gar nicht fassen konnte, dass dies nicht Wirklichkeit gewesen sein sollte. Ich hatte viele Albträume gehabt, wovon einer besonders eindrucksvoll war.

Ich war ausgeraubt und auf ein größeres Kriegsschiff gebracht worden. Mein körperlicher Zustand war schlecht. Ich hatte so wenig Kraft, dass ich mich nur kriechend fortbewegen konnte. Meine Bewacher fragten mich regelmäßig aus. Ich hatte den Eindruck, dass man mit meinen Papieren versuchte, unser Eigentum in Bargeld umzuwandeln. Eines Tages hörte das Fragen auf. Die Bewacher hatten das Interesse an mir verloren. Hatten sie ihr Ziel erreicht? Ich wusste es nicht, aber an ihrem Verhalten merkte ich, dass ich ihnen lästig wurde. Ich war jetzt überflüssig.

Einige Tage später wurde ich ins Unterdeck gebracht. Dort gab es einen großen Raum mit einem gläsernen Boden und einem Druckkammersystem, um unbemerkt Taucher ins Wasser lassen zu können. Es wurden große Fleischstücke in die Druckkammer geworfen, die Druckkammer wurde oben geschlossen und anschließend nach unten hin geöffnet. Durch den gläsernen Boden konnte ich sehen, dass ganz viele Haie kamen und sich gierig über das Futter hermachten. Die Druckkammer wurde wieder geschlossen und das Wasser ausgedrückt. Bewacher öffneten die Druckkammer und brachten mich hinein. Mit den Worten »Jetzt bist du dran!« verabschiedeten sie sich und schlossen die Druckkammer hinter mir. Jetzt wurde der Unterboden geöffnet. Das Wasser strömte herein. Mein Leben sollte durch die Haie beendet werden. Ich betete: ›Herr, ich bin bereit zu sterben, wenn es dein Wille ist. Aber du herrschst auch über die Tiere und hast die Möglichkeit, mein Leben zu bewahren.‹

Auf einmal sah ich sieben Engel mit Öllampen auf mich zuschwimmen. Sie nahmen mich in ihre Mitte und umgaben mich von allen Seiten, sodass die gierigen Haie nicht an mich herankommen konnten. Mit mir zusammen schwammen sie an die Wasseroberfläche und blieben bei mir, bis mich die Besatzung des Schiffes an Bord holte. Die Männer waren sprachlos vor Erstaunen und Entsetzen.

Ein herbeigeeilter Offizier sagte mir dann: ›Wenn die Haie dich am Leben gelassen haben, dann dürfen wir dir auch nichts tun.‹ Ich hatte den Eindruck, dass er die Engel, die um mich gewesen waren, nicht gesehen hatte. Danach wurde ich wieder in meine Kajüte gebracht, wo ich Gott von Herzen Dank sagte. Er hatte sich über mich erbarmt und mich in seiner großen Gnade vor dem sicheren Tod gerettet. In der nächsten Nacht wurde ich mit einem kleinen Boot zum Festland gebracht und freigelassen.

Ich weiß nicht, an welchem Tag meines Komas ich dies träumte, aber mir ist bewusst, dass ich für die Ärzte und Schwestern ein Todeskandidat war. Viele Gebete für mich haben mitgeholfen, dass Gott in seiner großen Güte an mir gewirkt und mich vor dem Tod bewahrt hat. Ihm sei Ehre, Lob, Preis und Dank. Wir sind froh und dankbar, dass wir einen lebendigen und mächtigen Gott haben und seine Nähe spüren durften.

Auch wenn Ärzte keine Hoffnung mehr haben, ist Gott noch lange nicht am Ende. Das hat uns Gott neu klargemacht.«

Bis zur Tür des Himmels

Rainer Wälde hat mit seiner Frau Bettina die Typ-Color Akademie gegründet. Ihre Idee war, Menschen über ihr Äußeres – Kleidung und Make-up – zu beraten und dabei auch ihr Inneres zu erreichen. Die tiefere Botschaft der beiden hieß: »Du bist Gottes wunderbares Abbild. Zeige und lebe das äußerlich und innerlich.«

Bettina Wälde war 37 Jahre alt, als bei ihr Krebs diagnostiziert wurde. »Bis zur Tür des Himmels« lautet der Titel des bewegenden (Tage-)Buchs über ihre letzten 300 Tage. Rainer Wälde beschreibt darin ihren schweren Weg mit dieser heimtückischen Krankheit. Es ist ein Zeugnis von tiefem Schmerz und gleichzeitig auch von Gottes Herrlichkeit.

(Das Buch ist 1999 bei Gerth Medien, Aßlar erschienen.)

Bei einer unserer Begegnungen, als Bettina schon schwer erkrankt war, wuchs zwischen uns ein Band der Freundschaft. Immer wieder erinnerte mich Gott an die beiden. An einem Wochenende war ich im Gebet so stark mit ihnen verbunden, dass ich kurze Zeit in meinem Innern bei ihnen war. Am Montag danach, als ich für sie betete, sah ich Engel am Bett von Bettina. Schließlich entschloss ich mich, diese Erlebnisse als Ermutigung für die beiden aufzuschreiben. Ich schickte sie ihnen als Fax und es kam offensichtlich im richtigen Moment an, wie Rainer Wälde im oben genannten Buch (Eintrag zum 5. Oktober 1998) bezeugt.

Im Todeskampf

Doris, eine liebe Freundin, arbeitete nach unserer Schwesternausbildung einige Zeit in den USA. Als sie zurückgekommen war, trafen wir uns. Ich war neugierig, von ihren Erfahrungen zu hören. Sie hatte viel Interessantes zu erzählen. Doch ihr eindrücklichstes Erlebnis hätte ihr überall auf der Welt passieren können. Sie erschauderte, als sie davon sprach: »Ich saß am Bett eines Mannes, dem medizinisch nicht mehr zu helfen war. Viele Stunden verbrachte ich dort, weil man auf sein Ende wartete. Die meiste Zeit war dieser Mann in tiefer Bewusstlosigkeit, auch durch die Medikamente, die man ihm gegeben hatte, um seine schlimmen Schmerzen zu erleichtern.

Doch kurz bevor er starb, richtete er sich auf. Er schien auf einmal ganz klar bei Bewusstsein zu sein. Mit Schrecken in den Augen starrte er zur verschlossenen Tür des Krankenzimmers. Er begann furchtbar zu fluchen und schrie dann: ›Er kommt, er holt mich ab. Schwester, helfen Sie mir, bitte halten Sie mich fest.‹ Dabei umklammerte er meinen Arm so heftig, dass man noch Tage danach die Spuren der eingekrallten Finger sehen konnte.

Nach seinem Entsetzensschrei schien eine Gestalt, die ich nicht wahrnahm, ans Bett zu kommen. Der Mann war ganz außer sich und versuchte, sich gegen jemanden zu wehren. Er starrte mit weit aufgerissenen Augen auf etwas, was ihn zu bedrängen schien. Schließlich lösten sich seine Finger von meinem Arm, der Mann fiel zurück auf sein Kissen und war tot. Ich blieb tief erschrocken zurück.«

Heimgehen in die Herrlichkeit

Pfarrer Herbert Fuchs war ein Freund meines Vaters. Immer wenn ich ihm als Teenager begegnete, hinterließ er einen tiefen Eindruck bei mir. Einmal erzählte er von der Familie, die ihn selbst sehr geprägt hatte, und diese Geschichte bewegte mich besonders:

Die ganze Familie Ziegler war überaus musikalisch. Leider litt die Mutter an schwerem Herzasthma. Der Arzt riet, als Hausmittel immer eine Tasse Kaffee bereitzuhalten. Da die erwachsenen Kinder über und unter ihnen im Haus wohnten, bat der Vater, eines von ihnen sollte jeweils mit Kaffee herbeieilen, wenn er nachts an das Wasserrohr schlüge. Dies diente als eine Art Haustelefon.

Einige Male schon hatte das ganz gut funktioniert.

In einer Nacht, als der Vater wieder geklopft hatte, kam sowohl von oben als auch von unten ein Kind mit dem Kaffee herbei. Doch im Treppenhaus blieben beide stehen. Eine wunderbare Musik flutete herein, mächtiger als irgendein Werk von Händel oder Bach. Als die beiden sich dann an der Eingangstür der Eltern trafen, stand der Vater schon da. Bewegt fragte er: »Habt ihr das auch gehört? Die Engel Gottes haben eben unter himmlischen Klängen eure Mutter heimgeholt.«

Als sie miteinander zum Bett der Toten eilten, sahen sie auf ihrem Gesicht ein übernatürliches Leuchten.

Der Tod meiner Großmutter

Meine Großmutter Caroline, die Mutter meines Vaters, war eine Frau, die Jesus Christus liebte. Jahrelang litt sie an Magenkrebs. Ich war damals noch ein kleines Mädchen. Meine Großmutter wurde immer schmaler und schwächer. Schließlich kam sie ins Krankenhaus. Zum Sterben wurde sie dann nach Hause entlassen.

Da es noch keine Infusionen gab, starb sie letztlich auch deshalb, weil sie keine Nahrung mehr aufnehmen konnte. Still lag sie im Bett. Oft war sie gar nicht ansprechbar. Mein Vater kam aus der Kur, um seine sterbende Mutter noch einmal zu sehen. Sie konnte zu dieser Zeit kaum noch die Hand heben.

Als es mit ihr zu Ende ging, versammelte sich die ganze Familie an ihrem Bett. Obwohl sie vorher so schwach gewesen war, setzte sie sich plötzlich im Bett auf, streckte ihre Arme aus und rief mit leuchtenden Augen: »Nehmt mich mit, nehmt mich mit.«

In dem Moment, als vor dem Haus der Fronleichnamszug vorüberging und das Lied gesungen wurde: »Großer Gott, wir loben dich«, ging sie aus der Zeit in die Ewigkeit.

Das Leuchten in den Augen meiner Großmutter beeindruckte mich so stark, dass ich dachte: »Dort, wo meine Großmutter hingegangen ist, will auch ich einmal sein.«

Bibelstellen über Engel

Altes Testament

1. Mose 16: Der Engel des Herrn findet Hagar in der Wüste.

1. Mose 18: Drei Engel kommen zu Abraham.

1. Mose 19,1–27: Zwei Engel kommen nach Sodom.

1. Mose 24,7: Gott soll einen Engel vor Abrahams Knecht hersenden, damit er die richtige Frau für Isaak findet.

1. Mose 28,12–15: Jakob sieht die Engel auf der Himmelsleiter.

1. Mose 48,15–16: In seinem Segensgebet für Ephraim und Manasse spricht Jakob von Gott und dem Engel.

4. Mose 22,21–35: Der Engel des Herrn stellt sich Bileam in den Weg.

Richter 6,11–24: Gideon wird von einem Engel zum Richter berufen.

1. Könige 19,5–8: Ein Engel weckt und versorgt Elia.

2. Könige 6,15–17: Elisas Diener sieht das himmlische Heer.

2. Chronik 32,21: Ein Engel vernichtet die Feinde von Hiskia.

Psalm 34,8: Der Engel des Herrn ist bei denen, die Gott ehren.

Psalm 91,11: Seine Engel haben den Befehl, uns zu behüten.

Psalm 103,20: Die Engel werden zum Lob aufgefordert.

Daniel 3: Drei Männer werden in den Feuerofen geworfen, aber in den glühenden Flammen sieht man vier Männer umhergehen. König Nebukadnezar lobt Gott dafür, dass er einen Engel gesandt hat, um seine Diener zu retten.

Daniel 6,23: Ein Engel beschützt Daniel in der Löwengrube.

Daniel 8,17: Daniel begegnet dem Engel Gabriel.

Hosea 12,5: Diese Bibelstelle nimmt Bezug auf Jakobs Kampf am Jabbok (1. Mose 32,23–33) und sagt, dass Jakob mit einem Engel gekämpft hat.

Sacharja 1,8–15: Ein Engel erklärt Sacharja die Visionen, die er hat.

Maleachi 3,1: Der Engel des Bundes wird angekündigt.

Neues Testament

Matthäus 1,20–24: Der Engel des Herrn erscheint Josef im Traum.

Matthäus 4,11: Nach Jesu Versuchung in der Wüste kommen Engel und dienen ihm.

Matthäus 13,39–42: Jesus bezeichnet die Engel als Schnitter, die am Ende der Welt das Unkraut ausjäten und vernichten.

Matthäus 16,27: Jesus wird mit seinen Engeln in Herrlichkeit wiederkommen.

Matthäus 18,10: Die Engel der Kinder haben direkten Zugang zu Gott.

Matthäus 26,53: Unzählige Engel würden Jesus zur Seite stehen, wenn er das wollte. Aber er liefert sich freiwillig seinen Feinden aus.

Lukas 1,11–20: Der Engel Gabriel erscheint Zacharias und kündigt ihm die Geburt von Johannes an.

Lukas 1,26–38: Der Engel Gabriel kündigt Maria die Geburt Jesu an.

Lukas 2,8–12: Der Engel des Herrn verkündigt den Hirten, dass der Heiland geboren ist.

Lukas 2,13–14: Die himmlischen Heerscharen loben Gott.

Lukas 15,7: Im Himmel, also bei den Engeln, herrscht Freude über jeden Menschen, der Buße tut.

Lukas 16,22: Lazarus wird nach seinem Tod von den Engeln in Abrahams Schoß getragen.

Lukas 22,43: Ein Engel vom Himmel stärkt Jesus in Gethsemane.

Lukas 24,4–7: Männer in glänzenden Kleidern begegnen den Frauen am Grab Jesu.

Johannes 5,4: Der Engel des Herrn bewegt das Wasser im Teich Betesda.

Johannes 20,11–13: Maria sieht im Grab Jesu zwei weiß gekleidete Engel sitzen.

Apostelgeschichte 5,19: Der Engel des Herrn öffnet die Türen des Gefängnisses.

Apostelgeschichte 10,3–6: Der Hauptmann Kornelius hat in einer Vision eine Begegnung mit einem Engel.

Apostelgeschichte 12,6–10: Ein Engel befreit Petrus aus dem Gefängnis.

1. Korinther 4,9: Die Engel sehen, was wir tun.

1. Korinther 11,10: Wegen der Engel soll eine Frau ihren Kopf bedecken.

2. Korinther 11,14: Der Satan verstellt sich als Engel des Lichts.

Kolosser 2,18: Wir sollen die Engel nicht verehren.

Hebräer 1,7: Gott macht seine Engel zu Winden.

Hebräer 1,14: Aufgabe der Engel ist es, denen zu dienen, die zu Gott gehören.

Hebräer 13,2: Wer gastfreundlich ist, beherbergt vielleicht sogar Engel, ohne es zu wissen.

Judas 6: Auf die abgefallenen Engel wartet das Gericht.

Offenbarung 1,1: Die Offenbarung Jesu Christi wird durch seinen Engel zu Johannes geschickt.

Weitere Bücher von
Ruth Heil
im Verlag Johannis

Ruth Heil

ERlebt
Zeugnisse vom Eingreifen und der Durchhilfe Gottes heute

Taschenbuch, 80 Seiten
Bestell-Nr. 77 853
ISBN 3-501-01465-1

»Gott ist erfahrbar! Das war der Anlass, dieses Buch zu schreiben. Es sind Aufzeichnungen aus meinem Tagebuch und Berichte von Menschen, die ich persönlich kenne. Aufgeschrieben sind wunderbare Begegnungen und Führungen. Aber auch einfache Alltagserlebnisse lassen erahnen, dass sich da nicht nur Zufälle ereigneten.«

So schreibt Ruth Heil im Vorwort. Eine spannende und ermutigende Lektüre, die zu Jesus einlädt.

Ruth Heil

ERlebt
Zeugnisse vom Eingreifen und der Durchhilfe Gottes heute
Band II

Taschenbuch, 96 Seiten
Bestell-Nr. 77 856
ISBN 3-501-01476-7

Auch im zweiten Band von »ERlebt« lässt uns Ruth Heil wieder an ihren Erlebnissen und Begegnungen teilhaben. Es sind Berichte vom Handeln und Helfen Gottes in den Höhen und Tiefen der menschlichen Existenz, in außergewöhnlichen Situationen wie auch in alltäglichen Begebenheiten. Ein Mut machendes Buch!